本课题的研究得到了"北京市社会科学基金项目'第二语言学习者语音感知能力的发展'（16YYB010）"的资助；

本书的出版得到了北京第二外国语学院"中国语言文学学科建设支持经费（项目编号：11121003 ）"的资助。

| 光明社科文库 |

第二语言学习者
语音感知能力的发展

王红斌◎著

光明日报出版社

图书在版编目（CIP）数据

第二语言学习者语音感知能力的发展 / 王红斌著
. --北京：光明日报出版社，2019.12（2022.4 重印）
ISBN 978 - 7 - 5194 - 5293 - 3

Ⅰ.①第… Ⅱ.①王… Ⅲ.①第二语言—语言学习—
研究 Ⅳ.①H003

中国版本图书馆 CIP 数据核字（2019）第 278397 号

第二语言学习者语音感知能力的发展
DIER YUYAN XUEXIZHE YUYIN GANZHI NENGLI DE FAZHAN

著　　者：王红斌

责任编辑：曹美娜　黄　莺　　　　　责任校对：张晓庆
封面设计：中联学林　　　　　　　　特约编辑：田　军
责任印制：曹　净

出版发行：光明日报出版社
地　　址：北京市西城区永安路 106 号，100050
电　　话：010-63139890（咨询），010-63131930（邮购）
传　　真：010 - 63131930
网　　址：http://book.gmw.cn
E - mail：gmrbcbs@ gmw.cn
法律顾问：北京市兰台律师事务所龚柳方律师

印　　刷：三河市华东印刷有限公司
装　　订：三河市华东印刷有限公司
本书如有破损、缺页、装订错误，请与本社联系调换，电话：010-63131930

开　　本：170mm×240mm
字　　数：167 千字　　　　　　　　印　　张：14
版　　次：2019 年 12 月第 1 版　　　印　　次：2022 年 4 月第 2 次印刷
书　　号：ISBN 978 - 7 - 5194 - 5293 - 3
定　　价：78.00 元

目　录
CONTENTS

绪　论

外语学习者如何有效地学习外语、教师如何有效地教授外语，多年来，这是语言学、心理学和教育学学界一直关注的课题之一。学者们研究发现发音与感知有关联，国外从 20 世纪 70 年代起，无论是在本族成人及儿童感知母语还是本族人对外语语音的感知研究都取得了丰硕的成果。基于语音单位的声学特征和心理感知之间的关系而出现的与第二语言语音感知研究相关的理论有：Patricia Kuhl 和 Paul Iversion 的"母语磁吸理论"、Catherine Best 的"感知同化理论"、Winifred Strange 的"自主选择感知模型"、James Flege 的"语音学习模型"等（评介见第五章引言），这几个理论的共同点就是承认语言习得者的母语、语言经验对于目标语语音感知和目标语语音系统构建的影响。差异在于这种影响或者源于母语语音的发音部位、发音方式和目标语的异或同，或者源于母语和目标语语音系统的差异度，或者是基于人类区别于动物所特有的认知世界的基础—原型的认知能力（当然后来又发现不只是人具有这样的能力），这是构建目标语语音系统的驱动因素。Guion – Anderson

指出影响二语语音范畴形成的主要因素有："（1）二语语音范畴和与其最接近的母语语音范畴之间的相似度。（2）语音突显和类型学因素。（3）二语语言系统的发展情况"（陈莹2013）。

其中对第一种因素研究的最多，如近年来汉语习得者汉语声母、辅音感知研究表明目标语语音范畴的感知受到汉语学习者母语语音系统的影响。像"印尼汉语学习者普通话声母感知产生的偏误与语际、语内、心理加工机制、声母声学特征等多种因素有关。'L2'的感知主要受到跨语言感知相似度的影响"（王功平，2008、2011；王韫佳，2004；王韫佳、上官雪娜，2004；邓丹，2015）。"日本汉语学习者对普通话送气和不送气范畴的加工模式受到了母语音系中清、浊范畴的影响，特别是受到了清音的音位变体的影响"（王韫佳2004；王韫佳、上官雪娜，2004）。根据二语语音范畴和习得者母语感知上相似性的研究，可以观察母语语音的迁移。汉语语音感知的研究还发现"当母语的区别性特征不能完全决定'L2'中新音位的范畴归类时，起决定作用的是普遍语法"（王韫佳，2001）。"日本学生复韵母感知水平的主要因素主要是：汉日元音连读发音方法的不同"（张美霞2010）。吴诗玉、杨枫（2016）的实验发现，"/ɛ/ – /æ/和/i/ – /ɪ/是中国外语学习者英语元音中最难感知的两对元音，他们认为"当英语对比音与母语两个不同的语音范畴相似时，发生'双范畴合并'，各自合并到两个不同的母语语音范畴；但当对比音只跟一个母语语音范畴相似时则发生'单范畴合并'。两个二语对比音合并为同一个母语语音范畴，并导致元音感知的困难。"

对第二种因素的感知研究成果相对较少，主要是考虑语音的声学特征对语音感知的影响，如杨小虎（2011）英语/i/ - /ɪ/的感知实验发现，"美国被试在感知中主要依靠语谱特征进行区分，对时长关注较少。与此相反，中国大学生被试总体上主要利用时长进行辨别，对语谱特征的变化不敏感；/e/和/æ/的发音和感知的实验发现中国学生在发音上较少关注两音的时长差别，主要利用语谱特征进行区分。"除此之外，基于类型学思想的语音感知研究不多。

对第三种因素的研究最为薄弱。姜玉宇（2015）通过对中国小学三年级至大二英语五个水平段学习者感知包含下列元音构成的像"heat - hit，feet - fit"进行了 ABX 感知选择测试，结果显示：/ʌ - ɔ/√/u - u:/√/ɔ: - ɔ/√/æ - ʌ/√/i - e/√/æ - a:/√/æ - e/在五个年级中无差异（除了三年级/u - u:/<//æ - a:/）。在所有年级中/a: - ʌ/的准确率是最低的；小学三年级、五年级、初一、/i: - i/的准确率属于倒数第二；而在高中生和大学生中，/i: - i/和/i - e/的准确率相当，属于倒数第二。

目前对第二语音感知的研究主要是集中在某一目标语某一习得时间点上的研究。某一语言项目习得的过程性和阶段性发展的研究、跨语言的比较研究则较少。

一个理想的习得理论是能预测习得者对所习得目标语的难点，能够预测语言单位的习得序列，能知道母语迁移的方式及方向，最好知道目标语习得者语言的加工机制。1957 年 Lado 的"对比分析假设（CA）"和 1967 年 Corder 的"错误分析（EA）"都未能做好，而且 Corder 的错误分析理论"发现学习者外语错误中只有 25％ 左右可以归结为是母语负迁移干扰的结果。"更进一步的研究发现习得者的母语不同，其所犯错误的比例也不一样，如"母语为汉语的学生在学习英语时所犯错误的 51% 来自母语的干扰，而母语为西班牙语的学习者学习英语时所犯的错误只有 3% 来自母语的干扰（Elis，1986）"（束定芳、庄智象，2008）。后来持中介语分析理论观点的 Krashen 认为："外语习得过程有其固定不变的程序，与本国语影响和教学方法无关"（束定芳、庄智象，2008）。语言类型学的标记理论更是从语言类型的高度来预测中介语的习得序列，认为"学生习得母语和外语都是先从无标记性学起，先掌握无标记性规则，后掌握有标记性规则。（寮非，1998；Ellis，1985）"（刘东楼，2002）。这个规则总体上很简单，也就意味着概括性太强，它的预测性还需要习得实证的支持。"对比分析假设"和"错误分析"关注的是母语和目标语之间的差异。"中介语分析理论"比较注重习得者目标语的状态。

现代神经生物教育科学的兴起使心智、大脑、学习之间的关系成为学界研究的热点之一。

近年来语音感知加工的大脑机制成为学界的热点问题，这条路径的研究是源于医学界对大脑左右半球的发现以及大脑不同脑区在加工不同信息时的差别的兴趣，也是从行为主义心理学向认知心理学发展一个必然结果。研究对象上从只关注母语和目标语之间的差别到关注母语、目标语、人和信息处理的大脑。在研究大脑加工机制和心理机制时，使用双耳分听技术发现在二语习得者第一语言和第二语言大脑左右半球加工的差别有：（1）早、晚期二语习得者大脑左、右半球语言加工有差异。（Genesee et al，1978；Kaotik，1980；靳洪刚，1997）（2）大脑的"阶段性特征"发现"语言水平高的二语习得者使用右脑较多"（靳洪刚，1997）。由此之外，还有大脑声调加工的左右脑优势并由此而产生的

"声音特征假设"和"功能假设"以及送气和不送音识别的阶段性脑半球优势特征等。

本课题在已有研究成果的基础上从目标语语音感知的动态发展过程性、语言类型的差异性、普遍特征、目标语的阶段性等四个原则（角度）入手主要研究三个问题：（1）以不同语言类型为母语的汉语习得者汉语声调感知的特点。（2）以不同语言类型为母语的汉语习得者感知汉语辅音的特点。（3）以汉语为母语的外语学习者感知目标语的辅音和元音的特点。在以上基础上结合并借鉴语言类型学的标记理论来描述第二语言学习者语音感知能力发展的阶段性特征和发展方向，研究第二语言学习者（母语为不同语言类型的汉语学习者和学习不同类型语言的以汉语为母语的外语学习者）学习非本族语过程中语音感知能力的发展，研究语言类型的差异与第二语言学习者语音感知能力的发展之间的关系。

本研究把"第二语言学习者"定义为：正在学习非本族语之外的目标语的外语学习者。其中不同语言类型的汉语学习者指的是以西班牙语、俄语、韩语为母语的汉语学习者。以汉语为母语的外语学习者指的是以汉语为母语，学习目标语是西班牙语、德语、英语或法语等语言之一的中国第二语言学习者。

语音感知能力指的是通过听觉通道感知语言的语音信息并在大脑中加工的能力，包括随着外语学习者目标语语音学习的进展及由此而表现出的语音感知能力的发展过程和大脑对语音的感知发展的不同阶段加工能力的变化而随之带来的变化情况两方面。

在语音感知能力和大脑信息加工的研究方法中，现代高科技的发展使我们可以使用"ERP"或脑成像技术像"PET""SPECT""fMRI""MEG"和"EEG"等研究语音感知的脑机制。关于这些工具的特点，罗昊（2007）已经做了详细的比较，"'PET''SPECT''fMRI'反映的是脑功能的三维断层图像；'MEG'和'EEG'反映的是脑磁和脑电信号变化的时间谱。"从研究实现的难易度来说，"PET""SPECT""fMRI"最难，"EEG"容易。实际上，在研究语言加工的大脑机制时，一次性实验使用以上工具之一确如罗昊所列的难易分类。如果要追踪研究一组被试尤其是外国留学生对某一语言成分的习得过程和语言能力发展的大脑机制，使用以上几种方法都有难度，除了罗昊所说之外，还有上述仪器的非易动性和被试心理上的排斥性以及同一被试不同阶段是否能持续被允许使用以上仪器对其测试都会成为实验实施的难题。

因此本课题采用了最易实现但被认为是行之有效的方法，就是采用心理学软件基于计算机的双耳分听技术的行为实验，可根据实验的不同目标采用不同的设计。

本课题通过心理实验方法观察零起点的汉语学习者汉语语音感知能力发展的阶段性特征及其制约因素，并辅以以汉语为母语的第二语言学习者目标语语音感知能力发展的阶段性特征作为佐证，期望能发现第二语言学习者语音感知的阶段性特征，语音感知的共性和个性特征。与第二语言相关感知假设大都认为母语的语音系统对目标语的感知有影响，但影响度有多高？基于语言类型学的标记理论对第二语言习得的预测度有多高？这些问题都有待解决。

本课题通过观察目标语经验为零的不同母语背景的第二语言学习者不同阶段的加工特征，通过听觉通道观察汉语习得者感知汉语声调、辅音和元音音素在大脑中加工能力的发展过程，以及分析发展过程中的阶段性的特点及其制约因素。这些有助于语音感知理论的构建和完善并可积极干预第二语言学习者的学习过程。

本书分五章，通过研究第二语言学习者感知汉语音节结构成分声调、辅音和元音以及外语音节结构成分辅音和元音的实验来实现本课题的目标。主要内容是：

绪论：

介绍与本课题相关的语言感知研究的路径及其由此而产生相关的理论或假说，说明本课题要研究的问题，采用的方法和理论。

第一章 汉语学习者声调感知能力的发展：

本章使用相同的测试语料，使用双耳分听技术实施实验，讨论两个问题：1. 以墨西哥初级汉语习得者和韩国中、高级汉语习得者为例并以中国大学生声调感知作为参照，讨论了外国留学生声调感知能力的发展过程，总结出初级汉语学习者汉语调类习得的序列和发展序列。2. 声调的产出与感知之间的关系，以墨西哥初级汉语习得者为例，通过墨西哥汉语习得者辅元音节声调产出的偏误和声调感知的结果对比观察声调的产出与感知的关系。

第二章 记忆与声调感知：

记忆与学习的关系是心理学的重要课题之一，汉语声调调类加工的难度差异使其在感觉登录时有差别，从而影响学习效果，本章比较中国大学生和墨西哥汉语习得者在无记忆任务和感觉记忆任务条件下汉语声调加工的差异。

第三章 第二语言学习者辅音感知能力的发展：

借鉴语言类型标记理论的思想，通过实验讨论以下几个问题：

（一）汉语声母、辅音的感知

1. 汉语学习者21个声母感知序列

汉语语音的21个声母是按发音部位与发音方法排列的，之前的研究表明，汉语学习者对汉语声母心理感知和汉语声母的生理区别特征不对应。本节探讨墨西哥汉语习得者三次等时间隔感知汉语21个声母序列差别与汉语辅音的有标性之间的关系。

2. 汉语习得者普通话送气和不送气辅音感知的阶段性特征

汉语的送气和不送气塞音b、p；d、t；g、k和三对送气不送气塞擦音j、q；z、c；zh、ch是以清浊对立的语言为母语的汉语学习者的难点。这一节将通过听感实验观察分别以西班牙语、韩语和俄语为母语背景的汉语学习者送气和不送气辅音的心理感知和物理特征之间的关系，从汉语习得者的母语类型和汉语塞音的标记性差异上解释汉语习得者感知汉语送气和不送气音的异同。

3. 汉语学习者普通话清音和浊音感知的阶段性特征

在汉语中，有m、n、l、r四个浊音，其余17个是清音。这一部分将考察汉语学习者感知汉语清、浊音的阶段性特征以及汉语学习者母语中的清、浊音对感知的影响，探讨汉语清、浊音感知特征和物理特征之间的关系。

（二）外语清、浊音的感知

选取德语、西语和英语中清浊塞音作为实验测试材料来考察第二语言学习者对所学的目标语清浊塞音感知能力的发展和阶段性特征，测试无德语和西语语言经验、初级德语和西语学习者、英语学习者对陌生语言辅音的感知特征以及所学目标语辅音的感知特征，观察以汉语为母语的中国大学生对不同类型的第二语言辅音感知的阶段性特征、共性和个性。

第四章　第二语言学习者元音感知能力的发展：

选取德语、西语与汉语相似度高的元音作为实验测试材料来考察中国大学生第二语言学习者对所学的目标语元音的感知能力的阶段性特征，测试无德语和西语语言经验的以汉语为母语的被试感知陌生语言中与母语相似元音的特征由此而观察陌生元音感知的典型范畴性效应是否显现。

第一章

汉语学习者声调感知能力的发展

从人类语言的层面上看，"从出生之日起，婴幼儿具有的感知能力使他们能够区分不同的声音以及其他的像话语中的语调和重音，他们能感知世界上存在的语言的语音单位之间的区别"（Eimas et al. 1971；Streeter 1976；Werker et al. 1984）。语音习得的研究发现："第二语言语音感知和产出的质量依赖于第二语言和第一语言的相似度。一直争议的是第一语言中没有的音素会比较容易习得，第一语言和第二语言中相近的音素会比较难以习得"（Best 1994；Best et al. 2001；Flege 1991，1995）。声调是声调语言的特征之一，汉语是声调语言之一，声调是语音音高的升降曲折变化，具有区别意义的作用。对于以非声调语言为母语的汉语习得者来说，他们的母语中没有声调，依据上面的理论应该容易习得，但他们习得汉语的声调却有很大的困难。汉语声调是以非声调语言为母语的汉语习得者学习汉语时碰到的难点之一。我们经常听到外国留学生满口洋腔洋调的汉语就是汉语声调习得不到位的明证之一。

在 19 世纪中叶，医学界已经发现了大脑左右两半球的功能具有不对称性，其中语言声调的大脑两半球的识别加工是从 20 世纪七八十年代开始的，至今仍然是受到学界关注的课题之一，对该问题的研究形成与声调的大脑偏侧化有关的两个观点：一是"Van Lancker 提出的音高信息加工的'功能理论'。该理论认为'言语中的音高信息由于所承担的功能不同而由不同的大脑半球加工：具有语言学意义的音高信息（比如声调）由左脑加工，不具有语言学意义的音高信息（比如情绪韵律）则由右脑加工'"（张林军、周峰英、王晓怡、舒华，2008）。与此理论相对的是"声音假设"，该理论认为："听觉刺激的声学结构决定了大脑两半球的功能偏侧化特点。体现频谱变化的声音主要在大脑的右半球得到加工，而体现时间变化的声音主要在大脑的左半球得到加工"（任桂琴、韩玉昌、周永垒、任延涛，2011）。之后，"为了弥补功能理论的不足，Gandour 等在 2004 年提出了一个新的理论，该理论认为左脑和右脑都参与了对言语中的音高信息的加工：右脑负责声学语音学特征的分析，而左脑则加工其语言学意义"（张林军、周峰英、王晓怡、舒华，2008）。

声调感知的研究成果表明：（1）"以声调语言泰语、挪威语为母语的本族语被试的大脑左半球是处理泰语和挪威语声调的优势脑"（Van Lancker, Fromkin, 1971; Gandour, Dardarananda, Petty, Dardarananda, 1988; Van Lancker, 1980; Van Lancker, Fromkin 1978），但早期的研究未发现以汉语为母语的被试在处理汉语声调时有明显的脑偏侧化（杨玉芳，1991），因此处理声调的脑偏侧化因语言不同而异"（Yue Wang, 2001）。后来的研究发现，以汉语为母语的汉族被试的声调处理存在大脑左半球优势（Yue Wang, 2001; 刘丽、彭聃龄，2004）；而没有声调知识、没有学习过汉语的以英语为母语的美国被试则没有出现大脑偏侧化现象（Yue Wang，2001）。（2）为验证 Van Lancker 和 Gandour 的理论，张林军等（2008）的实验表明："汉族人对言语中音高信息自下而上的声学语音学加工主要是右脑的功能，言语与非言语信号的音高信息可能有相似的加工机制，支持 Gandour 等 2004 年的理论。"任桂琴等（2011）的研究显示：汉语语调早期加工支持言语音高加工的声音假设。

罗昊（2007）的"工作主要研究当声调在作为一种声学信息被传入到大脑中的时候，在听觉认知的自动加工阶段即注意前的早期阶段，究竟哪个大脑半球处理占优势。"作者研究发现"在听觉认知的注意前阶段，在辅音组中，改变辅音在左侧大脑半球诱发的幅度要高于右侧大脑半球的幅度，在声调组中，右侧大脑半球的幅度要高于左侧大脑半球的幅度。这个结果显示在早期的听觉认知加工过程中，针对声调和辅音脑半球优势是相反的。由于声调和辅音在定义语义时有着相同的功能，这个相反的半球优势模式说明在意识前阶段，决定脑半球优势的因素是听觉输入的声学特性，而不是其功能。"（罗昊，2007）作者认为声调的加工在意识前阶段支持"声音假设"，后期加工支持"功能假说"。

Liu L，Peng D，Ding G 等（2006）使用 fMRI 技术，发现"被试在完成声调改变但韵母不变的两个任务中，激活的脑区域都在右脑额下回的位置。"

因为采用了不同的方法、语言材料，使用了不同的实验设计、不同的工具，所以结论也不尽相同。

本章将采用双耳分听技术，使用相同的实验材料（有一组不一样）对以韩语为母语的中、高级汉语习得者和以西班牙为母语的墨西哥初级汉语习得者进行测听实验并和中国大学生声调感知结果进行对比。

两耳分听实验就是研究大脑两半球功能分工的简单有效的实验技术之一。"1954 年 Brodbent 首先报告通过立体声录音机及立体声耳机将录制在两个声道上的不同言语性材料同时分别呈现给被试的两耳，形成竞争性刺激，结果呈现于右耳的刺激知觉能力较好，成为右耳优势（Right Ear Advantage，简称 REA），此法称为双耳分听测试（Dichotic Listening Test，简称 DLT）"（刘丽、彭聃龄，2004）。现在的双耳分听可以通过软件编程来实施。双耳分听的原理是：大脑两半球由胼胝体连接，左手或左耳所得到的信息传到大脑右半球，而右手或右耳得到的信息传到了大脑左半球，所以可以利用左右耳听到的声音信息来观察大脑左右半球在处理不同声音信息时的差别。现代软件技术的发展使研究者已经不用再像 Brodbent 时代那样录制磁带，而用心理实验软件很容易实现实验设计所需程序的编写。

本章分六节，通过以西班牙语和韩语两个不同语言类型为母语的汉语学习者汉语声调的感知考察汉语学习者声调发展的过程和阶段性特征，预测其声调调类的习得序列。

第一节通过实验分析以汉语为母语的中国大学生普通话四声感知的特征，作为外国留学生习得汉语声调阶段性特征和习得结果的比较参照项。第二、三节是墨西哥汉语习得者汉语四声感知的特征以及语音感知能力的发展情况。第四、五节是韩国汉语习得者汉语四声感知的特征。第六节讨论声调的感知与产出之间的关系。

第一节 中国大学生普通话声调识别的脑偏侧化

一、引言

在 20 世纪 70 年代，学者们就已经开始使用辅元结构或辅元音节基于行为实验研究声调感知的脑偏侧化，Van Lancker，D. 与 Fromkin V. A.（1973）使用"中（mid tone）、低（low tone）、降（falling）、高（high tone）、升（rising）五个调类的泰语辅元结构的调词（Tone words）Naa 和中调（mid tone）的辅音词（Consonant – word）daa、naa，saa、caa、laa"以及韵律（hums）"＼＾～"等研究了泰国人泰语声调感知的脑偏侧化情况，结果表明当对泰语的声调差异进行语言学层面上加工时，左脑是区分泰语声调的优势脑。

D. Van Lancker 和 Fromkin V. A.（1978）使用他们（1973）泰语声调的实验材料研究有无音乐经验的以英语为母语的美国人感知泰语声调时未见脑偏侧化，发现音乐经验仅仅是对提高声调识别率有帮助。Baudoin – Chial S.（1986）使用辅音词"发（fā）、拉（lā）、妈（mā）、撒（sā）"，声调词"八（bā）、拔（bá）靶（bǎ）坝（bà）"，韵律"ˉˊˇ＼"等研究了法国人和汉族人在感知以上三类语音成分时的差异，法国被试左脑是加工辅音词的优势脑，右脑是加工声调词的优势脑，韵律由左右大脑共同完成。中国被试加工这三类测试材料是左右大脑共同完成的。

二、实验目标

通过实验观察以汉语为母语的中国大学生在识别普通话四声时的脑偏侧化情况，以此作为外国留学生习得汉语声调调类习得序列、习得的阶段性特征和习得结果的比较参照项。

本实验拟解决以下三个问题：（1）以汉语为母语的中国大学生在识别汉语四声时是否存在脑偏侧化现象；（2）验证"功能假设"理论和 Gandour（2004）的理论；（3）验证与双耳分听的左右优势耳相关的两个理论"直接通达模型（direct access model）"和"胼胝体中转模型（callosal relay model）"（刘丽、彭聃龄，2004）。

三、资料和方法

（一）实验对象

从本校中国大学生中采用非随机任意抽样法抽取 50 名四年级以汉语为母语的实验对象，年龄 22 岁，经李天心中国人左右利手测试为右利手。

（二）实验材料和程序

实验材料一：汉语辅元音节，68 个来自"digmandarin 网站"的女声普通话辅元音节，这 68 个辅元音节中的辅音声母是普通话除［m］、［n］、［r］、［l］之外的 17 个清辅音，辅元组合中的元音韵母是［ia］或［a］，辅音声母和元音韵母的组合形式是在考虑汉语声韵调配合规律的基础上设计，17 个辅音声母中除［j］、［q］、［x］和［ia］拼合外，其余 14 个辅音声母和［a］拼合。每个辅元组合有四个声调，如：阴平（一声）mā、阳平（二声）má、上声（三声）mǎ、去声（四声）mà，一共构成 17×4 = 68 个辅元音节。

实验材料二：汉语元音音节，76 个来自"digmandarin 网站"的女声普通话元音音节，这 76 个元音音节包括：单元音 5 个，a［A］、o［o］、e［ɣ］、u［u］、ü［y］；前响和后响二合元音 10 个：ai［ai］、ei［ei］、ao［au］、ou［ou］、ia［iA］、ie［iɛ］、ua［uA］、uo［uo］、üe［yɛ］、er［ɚ］；三合元音 4 个 uai［uai］、uei［uei］、iao［iau］、iou［iou］。每个元音音节有 4 个声调，如：阴平（一声）ā，阳平（二声）á，上声（三声）ǎ，去声（四声）à，一共构成 19×4 = 76 个元音音节。

用 praat 分析了发音人的 68 个音节的声调模型，每个音节的音高采用等距 10 点取样，将每人音高数据分别存为 .xls 文档，然后用实验语音学中常用的五度 T 调值计算公式"［(logx – logb)／(loga – logb)］×5"计算所有音节的五度调值并把墨西哥汉语习得者的四个调类用 excel 作图，公式中"x"是测量值，"a"是音高上限，"b"是音高下限。T 值中的数据 0—1，1—2，2—3，3—4，4—5 分别相当于五度值中的 1，2，3，4，5 度。结果如图 1-1。

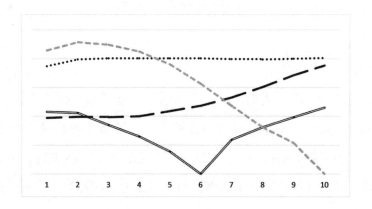

图 1 - 1　元音音节四声 T 值

由上图 1 - 1 可知，在五度标记法上，实验材料中的阴平调值是 55，阳平的调值是 35，上声的调值是 313，去声的调值是 51。

我们首先对实验材料中辅元音节和元音音节归一化处理：68 个辅元音节和 76 个元音音节的录音材料，首先用 Cool Edit Pro 对其进行批量音强标准化为 75dB，音长为 450ms，以避免不同调类的时长影响声调的识别。17 个辅元组合的四个声调两两配对，然后左右耳的刺激互换，每一个调类共有 $17 \times 6 \times 2 = 204$ 个刺激对，四个调类共有 $4 \times 204 = 816$ 个刺激对。实验程序用 DmDX 编写，实验刺激成对随机同时呈现于左右耳，2000ms 反应时间。每个调类分两组，一组 102 对刺激对左手做反应手，另一组 102 对刺激对右手作反应手，共八组，八组按拉丁方式排列。19 个元音音节的四个声调两两配对，然后左右耳的刺激互换，每一个调类共有 $19 \times 6 \times 2 = 228$ 个刺激对，四个调类共有 $4 \times 228 = 912$ 个刺激对。实验程序用 DmDX 编写，实验刺激成对随机同时呈现于左右耳，2000ms 反应时间。每个调类分两组，一组 228 对刺激对左手做反应手，另一组 228 对刺激对右手作反应手，共八组，八组按拉丁方方式排列。

（三）实验过程

以测试"一声"为例说明实验过程，"一声"实验材料因左、右反应用手的不同分为两组。实验时，首先会在屏幕中央出现一个注视点"＋"作为提醒被试注意听音的符号，注视点"＋"消失后，接着会在左、右耳同时出现的两个不同声调的音节作为测试音节。当测试使用的左手作为反应手的第一组材料时，要求被试判断同时出现在左、右耳的两个不同音节中的"一声"是左耳听到的，还是右耳听到的。如果是左耳听到的，就用左手按"left"键，如果是右耳听到的，也是用左手按"right"键。测试以右手作为反应手的第二组材料时，要求被试判断同时出现在左右耳的两个不同音节中的"一声"是左耳还是右耳听到的，如果是左耳听到的，就用右手按"left"键，是右耳听到的，用右手按"right"键。同理，测试"二声""三声"和"四声"时以此类推。八组实验材料按反应手和调类的不同用拉丁方的方式排列分为八个 block，每个 block 之间休息十分钟。本实验分别测试中国大学生识别四声时的正确反应时间及错误率。

（四）实验设备

联想台式计算机，立体声头戴式耳机。

（五）使用双耳分听技术。

（六）实验设计

耳（左耳、右耳）×手（左手、右手）两因素两水平被试内重复测量设计。

（七）统计学方法

使用 SPSS13.0 进行统计分析，采用重复测量方差（MANOVAs）分析，分别统计普通话四声识别的正确反应时间及错误率，统计结果 < 0.05 为达到显著水平。

四、实验结果

（一）下面的分析以中国大学生汉语声调的识别加工正确反应时间为主，并辅以被试识别四声的错误率。表 1 - 1 是被试识别普通话四声的正确反应时间和错误反应率。

表 1 - 1　普通话辅元音节四声的平均正确反应时间（单位：ms）和
错误率（单位:%）（M ± SD）

调类	反应手	左耳		右耳	
		正确反应时	错误率	正确反应时	错误率
阴平	左手	1217. 65 ± 238. 76	9. 64 ± 9. 20	1222. 67 ± 235. 47	10. 77 ± 9. 82
	右手	1269. 30 ± 231. 17	12. 21 ± 9. 46	1250. 38 ± 214. 12	12. 55 ± 9. 36
阳平	左手	1291. 03 ± 217. 52	14. 92 ± 10. 94	1331. 31 ± 228. 11	16. 28 ± 11. 09
	右手	1334. 68 ± 214. 67	18. 58 ± 10. 55	1286. 82 ± 247. 41	18. 29 ± 10. 74
上声	左手	1305. 05 ± 241. 06	15. 77 ± 10. 79	1295. 18 ± 249. 74	15. 94 ± 11. 01
	右手	1300. 19 ± 225. 81	17. 48 ± 10. 73	1261. 24 ± 235. 05	16. 31 ± 11. 33
去声	左手	1282. 79 ± 259. 48	15. 80 ± 11. 38	1180. 29 ± 254. 39	10. 42 ± 9. 10
	右手	1270. 10 ± 255. 67	16. 56 ± 11. 53	1183. 06 ± 232. 61	11. 32 ± 9. 26

表1-2 普通话元音音节四声的平均正确反应时间（单位：ms）和

错误率（单位:%）（M±SD）

调类	反应手	左耳		右耳	
		正确反应时	错误率	正确反应时	错误率
阴平	左手	1304.10±172.02	11.59±8.90	1314.98±173.87	12.90±9.69
	右手	1273.46±174.07	8.82±6.93	1282.08±184.83	10.45±7.94
阳平	左手	1376.25±178.14	17.92±9.65	1373.87±183.03	18.46±9.07
	右手	1372.20±200.51	17.17±9.65	1358.66±199.34	17.01±9.51
上声	左手	1343.70±195.50	18.41±9.44	1333.15±192.53	17.34±8.99
	右手	1334.71±219.07	16.46±9.87	1311.09±205.56	15.33±9.18
去声	左手	1316.74±213.97	15.52±10.25	1250.04±230.88	12.33±9.10
	右手	1309.11±227.12	16.39±10.81	1254.01±241.57	11.09±7.87

1. 被试感知普通话辅元音节四声错误率的统计分析

对上"表1-1"中被试识别辅元音节四声的反应错误率的重复测量方差分析（MANOVAs）显示：

阴平双手主效应显著，左手作为反应手时声调识别的错误率显著低于右手作为声调识别时的反应手的错误率，$F(1.48)=5.14$，$P=0.028<0.05$。双耳主效应不显著，$F<1$。

阳平双手主效应显著，左手作为反应手时的声调识别的错误率显著低于右手作为声调识别时反应手的错误率，$F(1.48)=9.97$，$P=0.003<0.05$。双耳主效应不显著，$F<1$。

上声感知的双手、双耳主效应均不显著，$F<1$。

去声双手主效应不显著，$F<1$。双耳主效应显著，右耳（大脑左半球）的错误率低于左耳（大脑右半球），$F(1.48)=20.58$，$P=0.000$

<0.05。

2. 被试感知普通话辅元音节四声反应时间的统计分析

对被试辅元音音节声调的反应时间的重复测量方差分析（MANO-VAs）显示：

阴平双手主效应显著，左手反应时间显著低于右手的反应时间，F（1.48）$=4.50$，$P=0.038<0.05$。双耳主效应不显著，$F<1$。

阳平双手、双耳主效应不显著，$F<1$。

上声双手主效应不显著，$F<1$。双耳主效应不显著，F（1.49）$=$ 2.84，$P=0.098$。

去声双手主效应不显著，双耳主效应显著，右耳（大脑左半球）的反应时间低于左耳（大脑右半球），F（1.48）$=22.07$，$P=0.000$ <0.05。

3. 被试感知普通话元音音节四声错误率的统计分析

对上表 1－2 中被试识别四声的反应错误率的重复测量方差分析（MANOVAs）显示：

阴平双手主效应显著，右手作为反应手时的声调识别的错误率显著低于左手作为声调识别的反应手，F（1.49）$=7.62$，$P=0.008<0.05$。双耳主效应显著，左耳（大脑右半球）的反应时间低于右耳（大脑左半球），F（1.49）$=6.8$，$P=0.012<0.05$。

阳平双手、双耳主效应不显著，$F<1$。

上声双手主效应显著，右手作为反应手时的声调识别的错误率显著低于左手作为声调识别的反应手的错误率，F（1.49）$=7.02$，$P=0.01$ <0.05。双耳主效应不显著，$F<1$。

去声双手主效应不显著，$F < 1$。双耳主效应显著，右耳（大脑左半球）的错误率低于左耳（大脑右半球），$F(1.49) = 32.51$，$P = 0.000 < 0.05$。

4. 被试感知普通话元音音节四声反应时间的统计分析

对被试元音音节声调的反应时间的重复测量方差分析（MANO-VAs）显示：阴平双手主效应接近显著水平，右手作为反应手时的声调识别的反应时间显著低于左手作为声调识别的反应手，$F(1.49) = 3.63$，$P = 0.063$。双耳主效应不显著，$F < 1$。阳平、上声感知的双手、双耳主效应都不显著，$F < 1$。去声双手主效应不显著，$F < 1$。双耳主效应显著，右耳（大脑左半球）的反应时间低于右耳（大脑左半球），$F(1.49) = 15.04$，$P = 0.000 < 0.05$。

由上面被试感知普通话辅元音节四声错误率和正确反应时间的分析可知：

在被试对辅元音节声调识别的错误率上：

（1）去声的识别存在显著的大脑左半球偏侧化。

（2）阴平、阳平的识别显示出左手是优势反应手。

在被试对辅元音节声调识别的反应时间上：

（1）去声的识别存在显著的大脑左半球偏侧化。

（2）阴平的识别显示出左手是优势反应手。

由被试感知普通话元音音节四声错误率和正确反应时间可知：

在被试对元音音节声调识别的错误率上：

（1）去声的识别存在显著的大脑左半球偏侧化，阴平的识别显示出显著的大脑右半球偏侧化。

（2）阴平、阳平和上声的识别显示出右手是优势反应手。

在被试对元音音节声调识别的反应时间上：

（1）去声的识别存在显著的大脑左半球偏侧化。

（2）阴平的识别显示出右手是优势反应手。

从表1-1和表1-2被试对四声的错误率和正确反映时间这两个角度上可得出以下中国大学生汉语声调识别难易序列表。

表1-3-1　中国大学生辅元音节声调双手、双耳正确反应时序列表

	左耳	右耳
左手	上声 > 阳平 > 去声 > 阴平	阳平 > 上声 > 阴平 > 去声
右手	阳平 > 上声 > 去声 > 阴平	阳平 > 上声 > 阴平 > 去声

表1-3-2　中国大学生元音音节声调双手、双耳正确反应时高低序列表

	左耳	右耳
左手	阳平 > 上声 > 去声 > 阴平	阳平 > 去声 > 上声 > 阴平
右手	阳平 > 上声 > 去声 > 阴平	阳平 > 上声 > 阴平 > 去声

表1-3-3　中国大学生辅元音节声调双手、双耳错误率高低序列表

	左耳	右耳
左手	去声 > 上声 > 阳平 > 阴平	阳平 > 上声 > 阴平 > 去声
右手	阳平 > 上声 > 去声 > 阴平	阳平 > 上声 > 阴平 > 去声

表1-3-4　中国大学生元音音节声调双手、双耳错误率高低序列表

	左耳	右耳
左手	上声 > 阳平 > 去声 > 阴平	阳平 > 上声 > 阴平 > 去声
右手	阳平 > 上声 > 去声 > 阴平	阳平 > 上声 > 去声 > 阴平

注：上表中的">"表示"长于"或"高于"。

由表1-3-1、表1-3-2、表1-3-3、和表1-3-4可知，右手作为反应手时，汉语辅元音节和元音音节声调的感知较为一致，都表现出阳平最难识别，阴平和去声的识别较为容易。而左手作为反应手时，难易序列略有变化，主要表现为上声在难易序列中的变化。

左手为反应手，测试左耳识别不同音节的声调时，正确反应时由长到短、错误率由高到低是：阳平＞上声＞去声＞阴平。左手作为反应手，测试右耳识别不同音节的声调，或右手作为反应手，测试左耳或右耳识别不同音节的声调时，正确反应时由长到短、错误率由高到低都是：阳平＞去声＞上声＞阴平。这也说明，中国大学生识别阳平最难，识别阴平和去声最容易。

五、讨论

根据上面的分析结果，讨论在引言中提出拟解决的三个问题。

由以上数据分析可知，中国大学生在识别汉语辅元音节和元音音节四声时，去声显示出显著的大脑左半球优势，识别元音音节的阴平时呈现出显著的大脑右半球优势。

从实验结果看，本次实验的结果对"功能假设"和"声学假设"的两个理论都不能很好的支持。

从上面的实验可知，在辅元音节中，除去声之外，其余三个调类是左右大脑半球联合加工，由去声的声学特征可知，去声是一个在频域中变化最大的一个调类，由此可知，在四声等时长的情况下，频域变大的调类偏向于由大脑左半脑加工。

元音音节中的阴平识别偏向于大脑右半球加工，而辅元音节中的阴平的识别没有显示出大脑右半球优势，由此可知，音节结构成分的差异与脑偏侧化有关，而且阴平是一个频域无变化的音高形式，显示出了偏向于大脑右半脑加工的状况。

目前解释双耳分听所产生的左右耳优势的理论有"直接通达模型"和"胼胝体中转模型"，"根据胼胝体中转模型，右脑不具备加工声调信息的能力，因此不论右耳听到的信息，还是左耳听到的信息，最终都要在左脑进行加工，因为左脑直接支配右手，所以不论左耳听到信息，还是右耳听到信息，右手的反应都要比左手快。""胼胝体中转模型则预期，不论信息来自左耳还是右耳，右手的反应都比左手快。""直接通达模型预期，手和耳之间有交互作用，右耳听音，右手作反应手时的反应最快，左耳听音，右手作反应手时的反应最慢；双手效应反应的是声调反应"（刘丽、彭聃龄，2004）。从上面的结论可知，在双手主效应上，在正确识别反应时间和错误率上，中国大学生在识别四声时，阴平、阳平、上声的识别显示出右手是优势反应手。这一结论支持胼胝体中转模型理论，但是它还与调类有关，去声是在频域中变化大的调类，因而未显示出左手或右手的优势。

第二节 墨西哥汉语习得者普通话辅元音节声调的感知[①]

一、引言

墨西哥汉语习得者指的是以西班牙语为母语的墨西哥人，西班牙语

---

① 墨西哥汉语习得者普通话声调识别的脑偏侧化［J］. 听力学及言语疾病杂志，2014（1）：26—30.

属于无声调语言。目前国内外还未见对于以西班牙语为母语的汉语习得者普通话声调大脑加工的实验报告。本课题的研究有助于了解以非声调语言为母语的汉语习得者习得汉语声调的认知机制从而建立以神经机制为基础符合语言习得者认知特征的习得理论。

本实验拟解决以下三个问题：（1）墨西哥初级汉语习得者在识别汉语四声时的调类特征和脑偏侧化现象。（2）验证"功能假设"理论和 Gandour（2004）的理论。（3）验证与双耳分听的左右优势耳相关的两个理论"直接通达模型（direct access model）"和"胼胝体中转模型（callosal relay model）"。

二、资料和方法

（一）实验对象

从墨西哥奇瓦瓦自治大学孔子学院零起点班中采用非随机任意抽样法抽取 24 名学生，年龄在 20~27 岁（21.29±2.39），左利手，他们生活在奇瓦瓦，母语是西班牙语，会说英语，不过英语发音不纯正，有明显的西班牙语风格，所有被试视力或矫正视力正常，听力正常。这些学生在学习汉语并进行语音训练的总时数约 60~70 小时（67.5±3.5）后进行双耳分听测试，测试实验分四次完成。

（二）实验材料和程序

68 个来自"digmandarin 网站"的女声普通话辅元音节，与第一节中测听中国大学生的辅元音节相同。

（三）实验过程

以测试"一声"为例说明实验过程，"一声"实验材料因左、右反应用手的不同分为两组实验材料，实验时，首先会在屏幕中央出现一个注视点"＋"作为提醒被试注意听音的符号，注视点"＋"消失后，接着会在左、右耳同时出现两个不同声调的音节作为测试音节。当测试使用的是左手作为反应手的第一组材料时，要求被试判断同时出现在左、右耳的两个不同音节中的"一声"是左耳听到的，还是右耳听到的。如果是左耳听到的，就用左手按"left"键，如果是右耳听到的，也是用左手按"right"键。测试以右手作为反应手的第二组材料时，要求被试判断同时出现在左右耳的两个不同音节中的"一声"是左耳还是右耳听到的，如果是左耳听到的，就用右手按"left"键，是右耳听到的，用右手按"right"键。判断时间为 2500ms 反应时间。同理，测试"二声""三声"和"四声"时以此类推。八组实验材料按反应手和调类的不同用拉丁方的方式排列分为八个 block，每个 block 之间休息十分钟。本实验分别测试墨西哥汉语习得者识别四声时的正确反应时间及错误率。

（四）实验设备

Hp pavilion simline S5500la PC 台式机，20 寸宽屏液晶显示器，Perfactchioce 立体声头戴式耳机。

（五）实验设计

双耳（左耳、右耳）×双手（左手、右手）两因素被试内重复测量设计。

（六）统计学方法

使用 SPSS13.0 进行统计分析，根据实验数据特征，四声识别的正确平均反应时间采用重复测量方差（MANOVAs）分析，四声识别的错误率采用非参数 Friedman 和 Wilcoxon 检测法。

三、实验结果

对于汉语习得者来说，识别普通话四声的难易程度是不同的，因此认知加工负荷也相异。由于较难的声调会影响到被试正确反映时间的长短和识别四声错误率的高低，所以下面的分析以墨西哥汉语习得者的大脑对汉语声调的识别加工正确反应时间为主，并辅以被试识别四声的错误率。表 1 - 4 是被试识别普通话四声的正确反应时间和错误反应率。

表 1 - 4　普通话四声的平均正确反应时间（单位：ms）及错误率

（单位：%）（M ± SD）

调类	反应手	左耳		右耳	
		正确反应时	错误率	正确反应时	错误率
阴平	左手	1555.98 ± 256.23	6.75 ± 4.13	1500.12 ± 248.67	5.14 ± 2.79
	右手	1649.46 ± 259.73	6.25 ± 4.41	1575.15 ± 298.29	5.06 ± 3.70
阳平	左手	1694.49 ± 283.49	24.1 ± 12.78	1683.67 ± 288.21	23.86 ± 10.47
	右手	1776.13 ± 303.05	24.67 ± 14.13	1788.08 ± 267.57	23.98 ± 12.52
上声	左手	1635.82 ± 257.03	17.23 ± 11.45	1613.13 ± 232.91	12.05 ± 8.78
	右手	1597.61 ± 230.69	13.73 ± 8.41	1602.88 ± 189.45	10.95 ± 6.83
去声	左手	1652.64 ± 279.52	15.72 ± 10.88	1662.01 ± 250.42	14.62 ± 10.83
	右手	1706.51 ± 232.37	17.07 ± 13.12	1732.22 ± 256.81	14.30 ± 12.11

（一）被试识别四声正确反应时的统计分析

对上表 1 – 4 中被试识别阴平正确反应时间的重复测量方差分析（MANOVAs）显示：双耳的主效应显著，右耳（大脑左半球）的反应时间短于左耳（大脑右半球）的反应时间，并达到极其显著水平，$F(1.23) = 17.01$，$P = 0.000 < 0.05$。双手的主效应显著，左手所用反应时间短于右手所用的反应时间，并达到显著水平，$F(1.23) = 5.23$，$P = 0.032 < 0.05$。双耳和双手之间的交互作用不显著：$F < 1$。从表 1 – 4 被试识别阳平的正确反应时间可以看出，与阴平不同的是：在左手作为反应手时，右耳（大脑左半球）是优势耳（脑）；在右手作为反应手时，左耳（大脑右半球）是优势耳（脑）。对被试识别阳平正确反应时间的重复测量方差分析显示：双耳的主效应显著，$F(1.23) = 10.50$，$P = 0.04 < 0.05$。但双手主效应不显著，$F(1.23) = 0.001$，$P > 0.05$。双手和双耳之间的交互作用不显著，$F < 1$。

对上表 1 – 4 被试识别上声的正确反应时间的重复测量方差分析显示：双耳主效应不显著，$F < 1$。双手的主效应不显著，$F < 1$。被试识别去声的正确反应时间的重复测量方差分析显示：双耳主效应不显著，$F(1.23) = 1.109$，$P = 0.303 > 0.05$。双手主效应不显著，$F(1.23) = 1.877 > 0.05$。

（二）被试识别四声的错误率的统计分析

根据墨西哥汉语习得者汉语声调识别错误率的数据特征，使用非参数统计法来统计各因素之间的差异。用非参数 Friedman 检测阴平、阳平、上声和去声的左右手两因素和左右耳两因素之间反应时间的差异，即（1）左手左耳、左手右耳之间。（2）右手左耳、右手右耳之间。

（3）左手左耳、左手右耳之间。（4）右手左耳、右手右耳之间。统计结果显示，阴平、阳平和去声的左右手两因素和左右耳两因素的差异不显著，阴平：χ^2（3，$N=24$）$=3.629$，$P=0.304>0.05$。阳平：χ^2（3，$N=24$）$=1.17$，$P=0.760>0.05$。去声：χ^2（3，$N=24$）$=1.674$，$P=0.643>0.05$。而上声的左右手两因素和左右耳两因素的差异显著：χ^2（3，$N=24$）$=10.508$，$P=0.015<0.05$，使用 Wilcoxon 检测法进一步对上声的左右手两因素和左右耳两因素做四个正交对照比较，且对显著性水平用 Bonferroni 校正（coparison – wise $\alpha=0.0125$）。从对照比较结果我们发现墨西哥汉语习得者在识别上声时，当左手作为反应手时，右耳（大脑有左半球）是优势耳（脑），$Z=-2.392$，$P=0.017$。当右手作为反应手时，右耳（大脑左半球）是优势耳（脑）。$Z=-2.980$，$P=0.003<0.0125$。

由以上的分析可知：

（1）在被试识别普通话四声的正确反应时间上，阴平、阳平都显示出右耳（大脑左半球）是优势耳（脑半球）。在双手主效应上，阴平的显示出左手优势。

（2）被试识别阳平时，在左手作为反应手时，右耳（大脑有左半球）是优势耳（脑），在右手作为反应手时，右耳（大脑左半球）是优势耳（脑）。

（3）被试识别上声时，在左手作为反应手时，右耳（大脑左半球）是优势耳（脑），在右手作为反应手时，右耳（大脑左半球）是优势耳（脑）。

（4）从表 1 – 4 被试对四声的错误率和正确反映时间这两个角度可

得出以下表1-5墨西哥初级汉语习得者的汉语声调识别难易序列。

表1-5 墨西哥初级汉语习得者的汉语声调识别难易序列表

反应手	左耳		右耳	
	正确反应时	错误率	正确反应时	错误率
左手	阳平 > 上声 > 去声 > 阴平	阳平 > 上声 > 去声 > 阴平	阳平 > 去声 > 上声 > 阴平	阳平 > 去声 > 上声 > 阴平
右手	阳平 > 去声 > 上声 > 阴平	阳平 > 去声 > 上声 > 阴平	阳平 > 去声 > 上声 > 阴平	阳平 > 去声 > 上声 > 阴平

注：表1-5中的"＞"表示"长于"或"高于"。

四、讨论

根据以上分析结果，讨论笔者在引言中提出拟解决的三个问题。

（一）墨西哥汉语习得者在识别汉语四声时是否存在脑偏侧化现象

由以上数据分析可知，学习汉语语音60～70小时的墨西哥汉语习得者大脑左右半球在识别普通话四声的调类时有差异。如上面第三小节"实验结果（1）—（3）"所示，这种差异与普通话四声的调类有关，也反映出了普通话四声识别的难易度，而普通话四声识别的难易度又与四声的调型有关。在调类上表现为上面"实验结果（4）"的表1-5所示：墨西哥汉语习得者在识别阳平时最难而阴平最易。去声和上声则处于难易两极之间。声调难易程度与普通话声调的调型特征的可识别性有关。在普通话的四个调类中，阴平是平调，与非声调语言的音节相似，因此最易识别。上声是降升调，有"拐点"特征。去声是高降调，这两个调类的调型特征明显，较易识别。而阳平是半升调，调型特征不明显，最难识别，因此，识别阳平的错误率最高，反应时间最长。另外如果不注意上声的"拐点"特征，上声和阳平很容易混淆，这是初级汉语习得者在习得汉语声调时一个难点。从反应时间上看，墨西哥汉语习得者对上声的识别是通过牺牲速度而赢得识别正确率的提高。而最易识别的阴平无论在反应时间还是错误率上都显示出左脑优势。以上是大脑对声调的知觉的情况。

（二）"功能假设"理论和 Gandour（2004）的理论

由以上数据分析的实验结果（1）和（3）可知，学习汉语语音60~70小时的墨西哥汉语习得者在识别汉语声调时显示出大脑左半球优势，实验结果支持功能假设。功能假设认为："决定脑功能偏侧化的线索是听觉刺激的功能。当音高模式中携带更多的言语信息时，音高的加工偏向大脑的左半球。当音高模式中携带更少的言语信息时，音高的加工偏向大脑的右半球"（任桂琴、韩玉昌、周永垒、任延涛）。这里有一个问题，那就是"音高模式中携带更多的言语信息"，这个言语信息是多少？是不是一个连续统？在以往的研究成果中，Yue Wang 的试验之一是用没有声调知识或没有学习声调语言经验的美国人做被试来测试其对声调的识别加工，结果表明这些被试未显示出加工声调时的脑半球优势。张林军的实验是"使用汉语被试不熟悉的法语以及六个音节组成的连续语流制作实验材料"（张林军、周峰英、王晓怡、舒华）。由此认为，汉族人对言语中音高信息自下而上的声学语音学加工主要是右脑的功能，言语与非言语信号的音高信息可能有相似的加工机制，支持

Gandour 等提出的理论（张林军、周峰英、王晓怡、舒华，2008）。本课题的被试是正在习得汉语语音约 60～70 小时的墨西哥汉语习得者，他们只是具备了声调的语言学知识，即声调是能够区别意义的，而每个音节的具体意义不可能全部知道，所以他们所识别的声调的语言学语义既具体又抽象，这不完全等同于汉族人所听到的每个音节，因为汉族人所听到的每个音节都是一个具体的音义结合体，而这时的墨西哥汉语习得者所听到的不同汉语音节只是调类的差别，在这个层次上，墨西哥汉语习得者的声调加工与汉族人的大脑半球加工是一致的，这表明言语信息量可以是"调类"的。由此可知，声调在这种具体又抽象的层面上的认知加工与每一个具体的音节的音义结合体加工同样是在大脑左半球，显示出调类识别的脑偏侧化现象。本文的实验也表明了 Gandour 等理论的局限性。

（三）与双耳分听的左右优势耳相关的两个理论"直接通达模型"和"胼胝体中转模型"

目前解释双耳分听所产生的左右耳优势的解释理论有"直接通达模型"和"胼胝体中转模型"，"根据胼胝体中转模型，右脑不具备加工声调信息的能力，因此不论右耳听到的信息，还是左耳听到的信息，最终都要在左脑进行加工，因为左脑直接支配右手，所以不论左耳听到信息，还是右耳听到信息，右手的反应都要比左手快。""胼胝体中转模型则预期，不论信息来自左耳还是右耳，右手的反应都比左手快。""直接通达模型预期，手和耳之间有交互作用，右耳/右手的反应最快，左耳/右手的反应最慢"（刘丽、彭聃龄）；双手效应反映的是声调反应（刘丽、彭聃龄）。从上面的第三节的实验结论（2）和（3）可知，阴平的正确反应时间显示出左手优势，把从声调识别的错误率和正确反应时间上所得到的双手主效应放在一起，就会有阴平：右耳/左手；阳平/上声：左手/右耳 > 右手/左耳，虽然这三个声调的手和耳的交互作用较复杂，但考虑到这一阶段汉语习得者的特征，我们认为该结果还是支持"直接通达模型"的。但也反映出这一阶段墨西哥汉语习得者的声调识别的反应时间所反映出的声调反应还不是特别稳定，从声调识别的反应时间所得出的阳平左右手优势是否随着墨西哥汉语习得者学习汉语时间的推移而发生变化，只能通过追踪调查才能确定。

由以上表 1 - 5 可知，墨西哥汉语习得者习得汉语辅元音节四声的大体的习得序列是：阴平 < 上声 < 去声 < 阳平。

第三节　墨西哥汉语习得者普通话元音音节声调的感知

一、引言

国内外多使用辅元结构的音节来研究大脑病理区域与汉语声调感知的关系、声调感知的大脑区域或考察汉语语调早期自动加工的脑机制，但对听刺激源比较试验表明，"当刺激源是辅元结构和辅元结构的音节时双耳分听技术检测出右耳优势，稳定的单元音双耳优势不明显，元音加上噪音或元音时长缩短，右耳优势明显"（陈卓铭、林谷辉、李炳棋等，1999）。"在英语音素中，元音的感知很难出现大脑侧化"（杨玉芳：1991）。因此本研究使用元音音节，期望避免音节成分本身可能带来的大脑侧化的影响。

二、资料和方法

（一）实验对象

从墨西哥奇瓦瓦自治大学孔子学院零起点班中采用非随机任意抽样法抽取 13 名学生。年龄在 20～27 岁，左利手，他们生活在奇瓦瓦，母语是西班牙语，会说英语，不过英语发音不纯正，有明显的西班牙语风格，所有被试视力或矫正视力正常，听力正常。这些学生在学习汉语并进行语音训练的总时数约 60～70 小时（67.5±3.5）后进行双耳分听测试。

（二）实验材料和程序

以元音［a］的四声作为元音的测试音，这四个音节来自"digman-darin 网站"的女声普通话元音音节，如阴平（一声）ā、阳平（二声）á、上声（三声）ǎ、去声（四声）à，首先用 Cool Edit Pro 对其进行批量音高标准化为 75dB，四个不同声调的元音［a］音长为 450ms，以避免不同调类的时长影响声调的识别。

实验程序借鉴 Passarotti 和 Banich 等以及蔡厚德、徐艳（2007）的双耳分听刺激呈现范式，把呈现材料按耳内和耳间匹配。

左耳右耳耳内匹配		左耳右耳间匹配	
左耳	右耳	左耳	右耳
ā	白噪音	ā	白噪音
ā	á	á	ā
右耳左耳耳内匹配		右耳左耳间匹配	
右耳	左耳	右耳	左耳
白噪音	ā	白噪音	ā
á	ā	ā	á

（三）实验过程

以测试"一声"为例说明实验过程，实验时，首先会在屏幕中央出现一个注视点"＋"作为提醒被试注意听音的符号，注视点"＋"消失后，接着会在左、右耳同时出现两个不同声调的音节作为测试音节。要求被试判断同时出现在左、右耳的两个不同音节中的"一声"是否一样，并按相应的按键。反应手在被试间平衡。

［a55］、［a35］、［a214］、［a51］编排在一个 block。本实验分别测试墨西哥汉语习得者识别汉语元音音节四声的正确反应时间及错误率。

（四）实验设备

Hp pavilion simline S5500la PC 台式机，20 寸宽屏液晶显示器，Perfactchioce 立体声头戴式耳机。

（五）实验设计

耳内（左耳耳内、右耳耳内）×耳间（左耳耳间、右耳耳间）被试内重复测量设计。

（六）统计学方法

使用 SPSS13.0 进行统计分析，根据实验数据特征，四声识别的正确平均反应时间采用重复测量方差（MANOVAs）分析。

三、实验结果和分析

下面把墨西哥汉语习得者元音音节声调感知的正确反应时间例如下表 1 - 6，把错误率列如下表 1 - 7。

表 1 - 6　墨西哥汉语习得者元音音节的正确反应时间均值（单位：ms）（M ±SD）

	左—左	右—右	右—左	左—右
阴平	1368.43 ±401.81	1463.29 ±316.37	1615.65 ±560.40	1831.83 ±492.05
阳平	1360.18 ±323.48	1362.11 ±364.61	1552.92 ±439.94	1636.41 ±398.88
上声	1308.11 ±337.62	1469.26 ±429.18	1478.47 ±362.22	1585.50 ±433.99
去声	1350.83 ±456.80	1551.87 ±362.22	1716.33 ±509.02	1842.67 ±579.02

根据实验设计对表 1 - 6 进行重复测量统计分析后结果显示：

阴平：两耳耳内主效应显著，$F(1.12) = 5.81$，$P = 0.033$，左耳（大脑右半球）识别阴平的正确反应时间显著低于右耳（大脑左半球）识别阴平的正确反应时间。耳内和耳间交互作用显著，$F(1.12) = 5.58$，$P = 0.036$。耳间主效应不显著，$F(1.12) = 2.58$，$P = 0.135$。

阳平：两耳耳内主效应显著，$F(1.12) = 10.97$，$P = 0.006$，左耳（大脑右半球）识别阳平正确反应时间显著低于右耳（大脑左半球）识别阳平的正确反应时间。耳间主效应不显著，耳内和耳间交互作用不显著，$F < 1$。

上声：两耳耳内主效应显著，$F (1.12) = 5.20$，$P = 0.042$，左耳（大脑右半球）识别上声的正确反应时间显著低于右耳（大脑左半球）识别上声的正确反应时间。耳内和耳间交互作用显著，$F (1.12) = 2.92$，$P = 0.113$。耳间主效应不显著，$F < 1$。

去声：两耳耳内主效应显著，$F (1.12) = 18.23$，$P = 0.001$，左耳（大脑右半球）识别去声的正确反应时间显著低于右耳（大脑左半球）识别去声的正确反应时间。耳内和耳间交互作用不显著，$F (1.12) = 2.11$，$P = 0.172$。耳间主效应不显著，$F < 1$。

由上面分析可知，初级墨西哥汉语习得者元音音节声调识别的正确反应时间的特点是：左耳（大脑右半球）是识别元音四声的优势脑半球。

表1-7　墨西哥汉语习得者元音音节错误率均值（单位:%）（M±SD）

	左—左	右—右	右—左	左—右
阴平	1.92 ± 3.65	1.28 ± 4.62	8.97 ± 7.95	8.97 ± 10.46
阳平	0.00	2.56 ± 4.00	4.49 ± 5.50	7.05 ± 8.90
上声	1.28 ± 3.13	2.56 ± 5.25	5.77 ± 6.26	7.69 ± 7.95
去声	2.56 ± 4.00	9.61 ± 9.52	7.69 ± 8.65	11.53 ± 7.24

实验设计对表1-7墨西哥汉语习得者元音音节四声的错误率进行重复测量统计分析后结果显示：

阴平：两耳耳内主效应显著，$F (1.12) = 11.54$，$P = 0.005$，左耳（大脑右半球）识别阴平的错误率显著低于右耳（大脑左半球）识别阴平的错误率。耳内和耳间交互作用不显著，耳间主效应不显著，$F < 1$。

阳平：两耳耳内主效应显著，$F(1.12) = 9.56$，$P = 0.009$，左耳（大脑右半球）识别阳平的错误率显著低于右耳（大脑左半球）识别阳平的错误率。耳间主效应不显著，$F < 1$。耳内和耳间交互作用不显著，$F(1.12) = 2.80$，$P = 0.120$。

上声：两耳耳内主效应显著，$F(1.12) = 10.55$，$P = 0.007$，左耳（大脑右半球）识别上声的错误率显著低于右耳（大脑左半球）识别上声的错误率。耳内和耳间交互作用不显著，耳间主效应不显著，$F < 1$。

去声：两耳耳内主效应接近显著水平，$F(1.12) = 4.03$，$P = 0.068$，左耳（大脑右半球）的识别去声错误率显著低于右耳（大脑左半球）识别去声的错误率。耳内和耳间交互作用接近显著水平，$F(1.12) = 4.25$，$P = 0.062$。耳间主效应不显著，$F(1.12) = 1.00$，$P = 0.337$。

四、实验结果

由上面初级墨西哥汉语习得者元音音节声调识别的正确反应时间和错误率分析可知：左耳（大脑右半球）是识别四声的优势脑半球。

五、讨论

上文第二节对学习汉语 60～70 小时的初级墨西哥汉语习得者辅元音节声调的识别实验得出如下结论：（1）阴平显示出大脑左半球是优

势脑半球。（2）阳平和上声在左手作为反应手时，大脑左半球是优势脑半球，在右手作为反应手时，大脑右半球是优势脑半球。（3）被试在识别上声时，在左手作为反应手时，大脑左半球是优势脑半球，在右手作为反应手时，大脑左半球是优势脑半球。

由本节的结论可知，初级墨西哥汉语学习者元音和辅元音节声调识别的优势脑半球有差别，造成这一差别的原因有两个：

一是音节结构的差异。汉语习得者在识别辅元音节和元音音节的声调时有不同的模型，Halle 提出"单词在人脑中以一种三维多层面的表达方式存在。具体地说，就是元音、辅音、音节结构和语素等构成不同的各自独立的平面并交叉于一个核心主干层，这个主干层被赋予最小的信息，并给所有其他平面上的自主音段提供定位。"（M. Halle 著、王晓梅介绍，2008）对于初级汉语学习者来说，元音音节和辅元音节的加工差异造成了识别音节中的声调信息的差别，由此而产生了上述的差异。

二是元音音节的语义问题。本节所用的实验材料［a］四声的语义都属于语用层面，"ā 叹词，表示赞叹或惊异：啊，这花真美呀！啊哈。啊呀。á 叹词，表示疑问或反问：啊，你说什么？ǎ 叹词，表示疑惑：啊，这是怎么回事？à 叹词，表示应诺（音较短）：啊，好吧！表示醒悟（音较长）：啊，我这才明白过来！表示赞叹（音较长）：啊，亲爱的祖国！"（《现代汉语词典》）。因此对于初级汉语习得者来说，元音音节的语义比辅元音节语义层次更复杂，而初级汉语习得者的元音音节声调的加工有可能是一个韵律层面上的加工。

根据表 1－7 实验数据列出下表 1－8 墨西哥汉语习得者元音四声

识别正确反应时和错误率高低序列表，这个序列表也反映了声调识别难易度等级序列，由此可观察墨西哥初级汉语习得者汉语声调的习得序列。

表1–8　元音音节声调正确反应时和错误率高低序列表

	左耳	右耳	右—左	左—右
错误率	去声 > 上声 > 阴平 > 阳平	去声 > 阳平/上声 > 阴平	阴平 > 去声 > 上声 > 阳平	去声 > 阴平 > 上声 > 阳平
反应时间	阴平 > 阳平 > 去声 > 上声	去声 > 阴平 > 上声 > 阳平	去声 > 阴平 > 阳平 > 上声	去声 > 阴平 > 阳平 > 上声

由表1–8的统计结果表明，墨西哥初级汉语习得者元音音节声调识别的错误率等级中所反映的元音音节声调识别的难易度是：去声最难，阴平次之，阳平最易，上声和阴平次之。

下面把之前我们曾讨论过的墨西哥辅元音节声调识别正确反应时的高低序列表及由此表现出的声调加工的难易度的结果重新列如下表1–9来比较墨西哥汉语习得者辅元和元音音节声调识别的差异。

表1–9　辅元音节声调正确反应时和错误率高低序列表

	左耳	右耳
左手	阳平 > 上声 > 去声 > 阴平	阳平 > 去声 > 上声 > 阴平
右手	阳平 > 去声 > 上声 > 阴平	阳平 > 去声 > 上声 > 阴平

由表1–9可知，墨西哥汉语习得者识别汉语的辅元音节的声调时，"阳平最难，阴平最容易"这一结果和表1–8墨西哥汉语习得者识别汉语的元音音节的声调时中的"阳平最易"正相反。墨西哥初级汉语

学习者之所以有辅元音节声调和元音音节声调加工有难易度的差别，除了前面所说的音节、语义层面外，还与汉语学习者的识别时间使用的长短有关，由表 1-8 墨西哥初级汉语习得者在识别元音的声调时的正确反应时间和错误率可知，在左耳识别元音声调时，左耳识别阳平时反应时间长于右耳，左耳识别元音声调的错误率也随之下降。

墨西哥汉语习得者习得汉语元音音节四声习得序列是：阴平/（阳平）＜阳平/上声＜去声。

六、结论

墨西哥初级汉语习得者元音音节四声声调感知的优势大脑是大脑右半球，对于墨西哥汉语初学者而言，这是由辅元音节声调和元音音节声调分属于不同信息层面造成的。墨西哥汉语习得者在感知汉语辅元音节声调和元音音节声调的难度上的差异与元音音节声调调类的反应时间的长度也有关系。

墨西哥汉语习得者习得汉语元音音节四声的大体习得序列是：阴平＜阳平/上声＜去声。

第四节 韩国汉语习得者普通话声调
感知能力的发展①

一、引言

与声调感知相关的研究成果表明，目标语处于不同状态的美国、墨西哥等汉语习得者大脑两半球在对汉语声调的识别有不同的表现（Wang Y，Jonqman A，Sereno J A，2001）。汉语习得者学习汉语的一般情况是，处于初级阶段的汉语习得者语音的教和学是主要的任务，学时占有很大的比重，而随着汉语习得者习得汉语的进展，语音学时减少，自然习得时间增加，这时汉语习得者的汉语语音习得的情况是，目标语可能继续自然地进步提高，也有可能进入语音的磨蚀期，因此比较一下目标语处于中、高两个阶段的韩国汉语习得者在识别普通话四声时各自的特征，可以更好地指导汉语四声的教和学。

本研究拟通过双耳分听技术比较学习汉语 6～24 个月以内的韩国汉语习得者与学习 36 个月以上的韩国汉语习得者在感知汉语元音音节的四声时的脑偏侧化特征以及这两个阶段的调类感知的发展情

---

① 原载于宁波大学学报（教育科学版），2018（1）．收入本节修改了原文的错误之处。

况。根据前人研究的经验，本节所用的实验刺激材料是元音音节。从前人相关研究成果使用的实验刺激材料看，学者们多用辅元结构或辅元音节研究声调感知的脑偏侧化，但对听刺激源比较试验表明，"当刺激源是辅元结构和辅元结构的音节时双耳分听技术检测出右耳优势，稳定的单元音双耳优势不明显，元音加上噪音或元音时长缩短，右耳优势明显"（陈卓铭，林谷辉，李炳棋等，1999）。另外，"在英语音素中，元音的感知很难出现大脑侧化"（杨玉芳：1991）。因此本研究使用元音音节期望避免音节成分本身可能带来的大脑侧化的影响。

二、材料和方法

（一）实验对象

从某大学国际教育学院学历班中随机任意抽样抽取以韩语为母语的汉语学习者 30 名（其中男 12 名，女 18 名）。

学习汉语时间约 24 个月以内 15 名，36 个月以上 15 名。这些学生的平均年龄是 22.96 岁，经爱丁堡利手调查表测试为右利手，所有被试视力或矫正视力正常，听力正常，根据汉语水平教学大纲，学习汉语 24 个月的外国留学生的汉语水平处于初、中级阶段，学习汉语 36 个月以上的外国留学生的汉语水平处于高级阶段。本次实验在该大学多媒体教室中完成。

（二）实验材料和程序

76 个来自"digmandarin 网站"女声普通话元音音节，同上文第一

44

节测试中国大学生普通话元音音节声调感知的材料一样。

（三）实验过程

以测试"一声"为例说明实验过程，"一声"实验材料因左右反应用手的不同分为两组实验材料，实验过程是，首先会在屏幕中央出现一个注视点"＋"作为提醒被试注意听音的符号，注视点"＋"消失后，接着会在左右耳同时出现两个不同声调的音节作为测试音节。当测试使用的是左手作为反应手的第一组材料时，要求被试判断同时出现在左右耳的两个不同音节中的"一声"是左耳听到的，还是右耳听到的，不管是左耳还是右耳听到的"一声"，都用左手按电脑键盘上标示的"left"或"right"键。测试以右手作为反应手的材料时，要求被试判断同时出现在左右耳的两个不同音节中的"一声"是左耳还是右耳听到的，不管是左耳还是右耳听到的"一声"，都用右手按电脑键盘上标示的"left"或"right"键。判断反应时间为2000ms。同理，测试"二声""三声"和"四声"时以此类推。八组实验材料测试顺序按反应手和调类的不同用拉丁方的方式排列分为四个block。

（四）实验设备

联想扬天S500一体机，19寸液晶显示器（联想公司，中国），铁三角立体声ATH–ANC29头戴式主动降噪耳机（日本铁三角株式会社，中国）。

（五）实验设计

双耳（左耳、右耳）×双手（左手、右手）被试内重复测量设计。

（六）统计学方法

使用SPSS13.0进行统计分析。

三、实验结果

下面表 1-10 是学习汉语 24 个月以内和 36 个月以上的韩国汉语习得者识别普通话元音音节四声的错误率的对比表。

表 1-10　普通话四声的平均错误率（单位:%）（M±SD）

调类	反应手	左耳		右耳	
		24 个月	36 个月	24 个月	36 个月
阴平	左手	15.85 ± 9.44	12.98 ± 8.66	12.16 ± 6.35	10.29 ± 6.71
	右手	23.25 ± 11.05	20.12 ± 11.83	16.05 ± 9.44	16.20 ± 9.31
阳平	左手	12.09 ± 2.65	9.96 ± 3.50	11.44 ± 3.53	9.25 ± 3.93
	右手	11.81 ± 3.88	11.68 ± 5.22	10.93 ± 4.02	11.55 ± 3.75
上声	左手	21.81 ± 8.73	20.44 ± 10.65	20.35 ± 6.95	15.23 ± 8.48
	右手	24.74 ± 10.90	21.31 ± 9.39	20.41 ± 10.61	18.86 ± 10.08
去声	左手	18.22 ± 10.05	16.17 ± 8.88	15.20 ± 10.12	13.66 ± 8.62
	右手	21.84 ± 10.91	17.37 ± 8.80	17.34 ± 12.14	12.43 ± 8.28

对表 1-10 学习汉语 24 个月以内的韩国汉语习得者识别普通话四声的重复测量方差分析（MANOVAs）的结果显示：识别阴平的双耳主效应显著，右耳（大脑左半球）的错误率显著低于左耳（大脑右半球），$F_{(1.14)} = 13.06$，$P = 0.003 < 0.05$；双手主效应显著，左手的错误率显著低于右手，$F_{(1.14)} = 4.80$，$P = 0.046 < 0.05$；双耳和双手的交互作用不显著，$F < 1$。识别去声的双耳主效应显著，右耳（大脑左半球）的错误率显著低于左耳（大脑右半球），$F_{(1.14)} = 5.0$，

$P = 0.042 < 0.05$。双手主效应显著，左手的错误率显著低于右手，F $(1.14) = 4.83$，$P = 0.046 < 0.05$。双耳和双手的交互作用不显著，$F < 1$。

阳平和上声识别的双耳和双手的主效应及其交互作用均不显著。

对表 1 – 10 学习汉语 36 个月以上的韩国汉语习得者识别普通话四声的重复测量方差分析（MANOVAs）的结果显示，阴平的双耳主效应显著，右耳（大脑左半球）的错误率显著低于左耳（大脑右半球），F $(1.14) = 10.35$，$P = 0.006 < 0.05$。双手主效应显著，左手的错误率显著低于右手，F $(1.14) = 7.10$，$P = 0.018 < 0.05$。双耳和双手的交互作用不显著，$F < 1$。上声识别的双耳主效应显著，右耳（大脑左半球）的错误率显著低于左耳（大脑右半球），F $(1.14) = 5.171$，$P = 0.039 < 0.05$。双手主效应不显著，$F < 1$。去声识别的双耳主效应显著，F $(1.14) = 17.78$，$P = 0.001 < 0.05$。双手主效应不显著，$F < 1$。阳声识别的双耳主效应不显著，$F < 1$，双手主效应显著，F $(1.14) = 14.16$，$P = 0.002 < 0.05$。双手和双耳的交互作用不显著，$F < 1$。

由以上的统计结果可知：中、高级韩国汉语习得者普通话元音音节四声识别的特征是：学习汉语 24 个月以内和 36 个月以上的韩国汉语习得者的右耳（大脑左半球）是识别阴平和去声的优势脑半球，但学习汉语 36 个月之后的韩国汉语习得者识别上声时显示右耳（大脑左半球）优势。

四、讨论

（一）韩国中、高级汉语习得者习得汉语时间的长短与他们在识别

普通话四声时的脑偏侧化之间的关系以及韩国汉语习得者语音感知能力的发展

由上面第二节的数据分析可知，学习汉语 24 个月以内和 36 个月以上的韩国汉语习得者大脑左、右两半球在识别汉语元音音节四声的不同调类时有差异，实验结果表明：学习汉语 24 个月以内的韩国汉语习得者在识别阴平和去声时显示出显著的右耳（大脑左半球）优势。而识别阳平和上声未显示出显著的大脑两半球的偏侧化。学习汉语 36 个月以上的韩国汉语习得者上声的识别显示出右耳（大脑左半球）优势。由此可知，韩国汉语习得者大脑左半球对普通话四声调类感知能力提高的顺序是：阴平—去声—上声。以往对于韩国汉语习得者发音研究表明，韩国汉语习得者习得汉语单字调中，阳平和上声的发音难于阴平和去声，主要表现为阳平和上声混淆。本次实验显示，在听觉上，同样显示出韩国汉语习得者识别阳平和上声较阴平和去声难。以上韩国汉语习得者普通话声调感知测试也表明韩国汉语习得者在感知较难识别的阳平和上声时是由左右脑半球共同加工完成的。

（二）与双耳分听的左右优势耳相关的两个理论"直接通达模型"和"胼胝体中转模型"

目前解释双耳分听所产生的左右耳优势的理论有"直接通达模型"和"胼胝体中转模型"，"根据胼胝体中转模型，不论左耳听到信息，还是右耳听到信息，右手的反应都要比左手快"（刘丽、彭聃龄，2004）。"直接通达模型预期，手和耳之间有交互作用，右耳听音，右手作反应手时的反应最快，左耳听音，右手作反应手时的反应最慢（刘丽、彭聃龄，2004）。韩国汉语习得者在识别普通话元音音节的阴平和去声时，显示出左手是优势手，不支持"直接通达模型"和"胼胝体中转模型"，这可能是韩国汉语习得者在声调感知阶段性上的表现。而韩国汉语习得者在感知阳平和上声时双手主效应不显著，这表明韩国汉语习得者在感知普通话阳平和上声时选择上的困难和犹豫难决。另外一个问题是，学习汉语24个月以内的韩国汉语习得者感知普通话去声时左手是优势反应手，但是学习汉语36个月以上的韩国汉语习得者感知去声时反应手未显示出显著的左右手差异，这可能是学习汉语36个月以上的韩国汉语习得者感知去声时反应手的磨蚀现象造成的。

五、结论

学习汉语24个月以内的韩国汉语习得者在识别普通话元音音节四声时显示出的脑偏侧化与调类有关，他们在感知普通话阴平和去声时显示出显著的右耳（大脑左半球）优势。学习汉语36个月以上的韩国汉语习得者普通话声调感知能力发展的结果是右耳（大脑左半球）感知上声的能力提高。韩国汉语习得者在感知普通话阴平、去声和上声时显示出左手优势，这一结果不支持目前与双耳分听的左右优势耳相关的"直接通达模型（direct access model）"和"胼胝体中转模型（callosal relay model）"理论。

第五节　音节成分对韩国汉语习得者
普通话声调感知的影响①

一、引言

汉语是声调语言之一，声调是语音音高的升降曲折变化，具有区别意义的作用。汉语声调是以非声调语言为母语的汉语习得者学习汉语时碰到的难点之一。上节通过韩国汉语习得者元音音节声调感知的实验发现了韩国汉语习得者元音音节声调感知的发展轨迹，但也提出一个新的问题，辅音对韩国汉语习得者声调感知有无影响或影响有多大？为讨论这一问题，我们对相同的被试做了辅元音节声调的感知测试，以观察音节结构成分对韩国汉语习得者声调感知的影响。与辅音音节相关的声调感知测试研究表明：以声调语言泰语、挪威语为母语的本族语被试大脑左半球是处理泰语和挪威语声调的优势脑（Van Lancker、Fromkin，1973、1980、1978；Gandour、Dardarananda，1983；Gandour、Petty、Dardarananda，1980）。目标语学习处于不同阶段的不同母语背景的二语学习者声调的脑偏侧化特征也有差别（Yue Wang，2001）。本研究拟解决以下三个问题：

（一）韩国汉语习得者辅元音节声调感知的特征。

---

① 原载于：中国听力语言康复科学杂志，2018（5）.

（二）验证与双耳分听的左右优势耳相关的两个理论："直接通达模型"和"胼胝体中转模型"。

（三）音节成分对韩国汉语习得者普通话声调感知的影响。

本文拟通过双耳分听技术比较学习汉语 24 个月以内、36 个月以上的两组韩国汉语习得者在感知汉语辅音音节四声时的脑偏侧化特征以及这两个阶段的调类感知的发展情况，通过和之前韩国汉语习得者在感知汉语元音音节情况的比较，由此观察汉语的音节结构差异对韩国汉语习得者普通话声调感知的影响。

二、资料和方法

（一）实验对象

随机任意抽取某大学国际教育学院学历班中 30 名学生（其中男 12 名，女 18 名）。

学习汉语时间约 24 个月以内 15 名，36 个月以上 15 名。这些学生的平均年龄是 22.96 岁，经爱丁堡利手调查表测试为右利手，所有被试视力或矫正视力正常，听力正常，根据汉语水平教学大纲，学习汉语 24 个月的外国留学生的汉语水平处于初、中级阶段，学习汉语 36 个月以上的外国留学生的汉语水平处于高级阶段。本次实验在该大学多媒体教室中完成。

（二）实验材料和程序

68 个来自"digmandarin 网站"的女声普通话辅元音节，实验材料和实验程序与上文测试中国大学生和墨西哥汉语习得者声调识别时的材料和程序一样。

（三）实验过程

以测试"一声"为例说明实验过程，"一声"实验材料因左右反应用手的不同分为两组实验材料，实验时，首先会在屏幕中央出现一个注视点"＋"作为提醒被试注意听音的符号，注视点"＋"消失后，接着会在左右耳同时出现两个不同声调的音节作为测试音节。当测试使用左手作为反应手的第一组材料时，要求被试判断同时出现在左右耳的两个不同音节中的"一声"是左耳听到的，还是右耳听到的。不管是左耳还是右耳听到的"一声"，都用左手按"left"键或"right"键。测试以右手作为反应手的第二组材料时，要求被试判断同时出现在左右耳的两个不同音节中的"一声"是左耳还是右耳听到的，如果是左耳听到的，就用右手按"left"键，是右耳听到的，用右手按"right"键。2000ms反应时间。同理，测试"二声""三声"和"四声"时以此类推。八组实验材料按反应手和调类的不同用拉丁方的方式排列分为四个block，每个block之间休息20分钟。

（四）实验设备

联想扬天S500一体机（联想公司 中国），19寸液晶显示器，铁三角立体声ATH – ANC29头戴式耳机（日本铁三角株式会社，中国）。

（五）实验设计

耳（左耳、右耳）×手（左手、右手）被试内重复测量设计。

（六）统计学方法

使用SPSS 13.0对韩国汉语习得者识别普通话辅元音节四声错误率进行重复测量方差分析（MANOVAs）统计分析，以 $P < 0.05$ 表示差异

具有显著性。

三、实验结果

学习汉语 24 个月以内和 36 个月以上的韩国汉语习得者识别普通话辅元音节四声的错误反应率。（见表 1-11）

表 1-11　普通话四声的平均错误率（单位:%）（M±SD）

调类	反应手	左耳		右耳	
		24 个月	36 个月	24 个月	36 个月
阴平	左手	23.17±10.06	17.30±8.78	19.90±11.47	14.29±9.60
	右手	22.05±11.69	14.85±10.24	17.48±10.77	13.76±11.64
阳平	左手	26.50±8.85	24.75±8.66	26.05±12.50	23.32±8.51
	右手	26.76±9.28	23.63±8.67	27.42±9.92	23.70±7.96
上声	左手	23.30±8.52	20.06±9.86	20.33±9.36	15.83±6.64
	右手	27.94±11.24	17.89±9.01	27.19±11.51	17.33±7.83
去声	左手	20.09±9.49	19.64±9.08	12.48±10.54	15.20±9.18
	右手	18.63±9.22	18.07±10.39	14.38±7.30	15.58±10.69

对表 1-11 学习汉语 24 个月以内的韩国汉语习得者识别普通话辅元音节四声错误率的重复测量方差分析（MANOVAs）显示:识别汉语阴平、阳平、上声和去声的双耳主效应均不显著,双手主效应均不显著。

对表 1-11 学习汉语 36 个月以上的韩国汉语习得者识别普通话四声的错误率重复方差分析（MANOVAs）显示,去声的双耳主效应显著，右耳（大脑左半球）错误率极显著低于左耳（大脑右半球），F (1. 14) = 10. 35，P = 0. 006 < 0. 05，双手主效应不显著。

由以上的数据分析显示，学习汉语 24 个月以内的韩国汉语习得者识别普通话辅元音节四声时未见明显的脑偏侧化，学习汉语 36 个月以上的韩国汉语习得者识别普通话辅元音节去声时，显示明显的大脑左半球优势。

由上面表 1 - 11 得出下面表 1 - 12 韩国汉语习得者汉语辅元音节声调调类识别错误率高低序列表。

表 1 - 12　韩国汉语习得者的汉语辅元音节声调识别错误率高低序列表

	左耳		右耳	
	24 个月以内	36 个月以上	24 个月以内	36 个月以上
左手	阳平 > 上声 > 阴平 > 去声	阳平 > 上声 > 去声 > 阴平	阳平 > 上声 > 阴平 > 去声	阳平 > 上声 > 去声 > 阴平
右手	上声 > 阳平 > 阴平 > 去声	阳平 > 去声 > 上声 > 阴平	阳平 > 上声 > 阴平 > 去声	阳平 > 上声 > 去声 > 阴平

注：表 1 - 12 中的 ">" 表示错误率 "高于"。（下同）

由表 1 - 12 可知，学习汉语 24 个月以内的韩国汉语习得者识别汉语辅元音节阳平的错误率最高，去声最低，学习汉语 36 月以上的韩国汉语习得者识别汉语辅元音节阳平的错误率最高，阴平最低。

四、讨论

下面讨论引言中提出的三个问题：

（一）韩国汉语习得者辅元音节声调感知的特征

之前我们用与本次实验相同的实验材料对墨西哥汉语习得者的汉语声调习得的发展研究发现，汉语习得者被试识别普通话四声的正确反应时间上，阴平的识别显示出右耳（大脑左半球）是优势耳（脑半球）。在双手效应上，阴平显示出左手优势。

由本次的实验结果可知，韩国汉语习得者在加工汉语辅元音节的阴平、阳平和上声时是左右半球共同完成。韩国汉语习得者加工普通话去声时，显示出右耳（大脑左半球）优势。由此可知，不同母语背景的汉语学习者或处于不同阶段的汉语学习者在感知汉语声调时有差异。

表 1－12 显示出：初级阶段的韩国汉语习得者识别去声最易，我们认为这一结果与习得者母语的迁移有关，有人认为："韩国语属于平调，没有汉语中的四声，但可把语音中的松音及送气音理解为汉语的一声，紧音理解为四声。"虽然韩国"紧音"只是一个语音特征而非语音语义特征，我们仍可以认为，学习 24 个月内的韩国汉语习得者感知去声最易是因韩语"紧音"的迁移影响造成的。

（二）左右耳优势的解释理论："直接通达模型"和"胼胝体中转模型"

目前解释双耳分听所产生的左右耳优势的理论有"直接通达模型"和"胼胝体中转模型"理论，根据胼胝体中转模型，不论信息来自左耳还是右耳，右手的反应都比左手快；直接通达模型预期，手和耳之间有交互作用，右耳听音，右手作反应手时的反应最快，左耳听音，右手作反应手时的反应最慢（刘丽、彭聃龄，2004）。韩国汉语习得者辅元音节声调感知的双手主效应不显著，不支持声调加工的"直接通达模型"和"胖胀体中转模型"理论。

（三）音节成分对韩国汉语习得者普通话声调感知的影响

下面通过比较韩国汉语习得者感知辅元音节和元音音节声调调类错误率的差异来观察音节成分的差异对韩国汉语习得者语音感知的影响。

上文实验表明：学习汉语 24 个月以内的韩国汉语习得者感知元音音节阴平和去声时，右耳（大脑左半球）声调识别的错误率显著低于左耳（大脑右半球）；学习汉语 36 个以上的韩国汉语习得者识别元音音节声调阴平去声和上声时，右耳（大脑左半球）声调识别的错误率显著低于左耳（大脑右半球）。上面表 1 – 11 的实验结果显示他们在识别辅元音节时仅是 36 个月以上的习得者中只有去声有显著的左脑偏侧化，由此可知音节成分对韩国汉语习得者感知声调有影响。我们进一步根据韩国汉语习得者普通话元音音节四声感知的实验结果得出下面表 1 – 13 韩国汉语习得者汉语元音音节声调识别难易序列表以便和本次实验进行对比分析观察音节的差异对声调感知影响的大小。

表 1 – 13　韩国汉语习得者的汉语元音音节声调识别错误率高低序列表

	左耳		右耳	
	24 个月以内	36 个月以上	24 个月以内	36 个月以上
左手	上声 > 去声 > 阴平 > 阳平	上声 > 去声 > 阴平 > 阳平	上声 > 去声 > 阴平 > 阳平	上声 > 去声 > 阴平 > 阳平
右手	上声 > 阴平 > 去声 > 阳平	上声 > 阴平 > 去声 > 阳平	上声 > 去声 > 阴平 > 阳平	上声 > 阴平 > 去声 > 阳平

由表 1 – 13 可知，韩国汉语习得者识别汉语元音音节的上声时，错

误率最高，阳平最低。

比较表 1 – 12 和表 1 – 13 的统计数据可知，汉语的音节结构成分的差异对不同的调类影响度还不一样，从辅音对声调识别的影响度大小来看，有下列序列：阳平 > 阴平/去声 > 上声，其中辅音对阳平的影响最大。辅音对声调的影响与声调表征和感知的特征有关。

在声调的感知上，前人研究表明，与汉语声调感知的相关声学特征有基频、元音的第一、第二共振峰等（梁之安，1963）。王硕（2012）的实验表明："共振峰信息（尤其是第一共振峰）可以为声调识别提供一些线索，但不起主要作用。"

在声调的表征和加工是否独立于韵母的表征和加工的实验中，Yun Ye、Cynthia M（1999）、覃薇薇（2007）的实验表明"在单字情况下，韵母先于声调的加工。"Liang（2004）认为声调和韵母的加工依赖于不同的脑区。Liu L、Peng D、Ding G 等（2006）使用 fMRI 技术，发现"被试在完成声调改变但韵母不变的两个任务中，激活的脑区域都在右脑额下回的位置。这个位置有可能是专门控制声调信息的一个重要位置。"

徐立（2006）基于"声码器技术"的研究表明，"频域和时域信息在四声识别中与在辅音和元音识别中有明显不同的作用""辅音识别需要 16 Hz 的时域信息，而元音识别只需要 4 Hz 的时域信息""声调识别对时域信息的需求远远多于辅音和元音对之的要求"。

由以上的研究并结合听觉信息加工的理论两个理论：模块观点的代表模型"Cohort 模型"和交互观点的代表模型"TRACE 模型"可推论，被试在加工元音音节的声调时只需要处理元音和声调的频域和时域信息。"Halle 提出单词在人脑中以一种三维多层面的表达方式存在。具体地说，就是元音、辅音、音节结构和语素等构成不同的各自独立的平面并交叉于一个核心主干层，这个主干层被赋予最小的信息，并给所有其他平面上的自主音段提供定位。"（M. Halle 著、王晓梅介绍，2008）在加工辅元音节的声调时被试需要处理辅音、元音和声调的频域和时域信息，辅音的识别对于外国留学生是难点。因此韩国留学生需要分配给辅音更多的注意力。外国留学生对汉语声母感知的难度增加了对整个音节感知的难度。由表 1 – 12 和表 1 – 13 的数据可知，阳平 > 阴平/去声 > 上声。其中辅音对阳平的影响最大。在汉语四声中，上声因为有"拐点"，其音高特征最明显。去声近似于韩语中的"紧音"因此也容易识别。而阳平需和上声区分，在辅元音节中因为辅音的加工难度增加，所以在有限的时间中阳平并未得到充分的加工，就成了最难加工的一个声调。

五、结论

本文使用双耳分听的实验方法测试了学习汉语 24 个月以内，36 个月以上两组韩国汉语习得者识别普通话辅元音节声调时的大脑偏侧化情况。结合韩国汉语习得者普通话元音节声调感知的大脑偏侧化情况，分析了汉语音节成分的差别与韩国汉语习得者识别普通话四声时的脑偏侧化之间的关系。结论是，辅音音素对声调识别的影响度大小的序列是：阳平 > 阴平/去声 > 上声。

第六节　声调的感知与产出
——以墨西哥汉语习得者为例

一、引言

上文提到对语音感知和生成上的研究表明："第二语言发音准确性受语音知觉准确性的制约。知觉准确性是发音准确性的前提，但并不能保证发音准确性，随着成年第二语言水平的提高，言语生成和知觉统一起来。"（刘振前，2003）

本节，我们采用非随机任意抽样法抽取语音训练约 100 小时左右的 4 名墨西哥汉语习得者，对其 288 个普通话四声音节的发音进行声学分析以观察声调的感知与产出之间的关系。

二、实验过程①

（一）发音人：从墨西哥奇瓦瓦自治大学孔子学院零起点班中采用非随机任意抽样法抽取 4 名学生（男生 2 名，女生 2 名）。这些学生平均年龄 20 岁，他们生活在奇瓦瓦，母语是西班牙语。本次实验是这些

①　本节改自：王红斌. 墨西哥汉语习得者的汉语单音节字调的习得 [J]. 绵阳师范学院学报，2014（10）：79－82.

学生学习汉语语音总时数约 100 小时左右之后进行的，录音是在墨西哥奇瓦瓦自治大学孔子学院的语音实验室中完成的。

（二）发音材料：从《今日汉语》1—5 课课后的音节练习中挑选了 18 个辅元组合，每个辅元组合有 4 个调类，每位发音人共完成 $18 \times 4 = 72$ 个音节的发音，72 个音节按拉丁方的方式排列。72 个音节是汉字加注拼音，避免了发音人可能会因对汉字不熟悉而产生声调的误读。

（三）用录音软件 coolediter 录音后将所录语音保存为 2050Hz，16bit，单声道文件，用 praat 分别分析每位发音人的每个音节的音高，每个音节的音高采用等距 10 点取样，将每人音高数据分别存为 .xls 文档，然后用实验语音学中常用的五度 T 调值计算公式"$[(\log x - \log b) / (\log a - \log b)] \times 5$"计算所有音节的五度调值并把墨西哥汉语习得者的 4 个调类用 excel 作图，公式中"x"是测量值，"a"是音高上限，"b"是音高下限。T 值中的数据 0—1，1—2，2—3，3—4，4—5 分别相当于五度值中的 1，2，3，4，5 度。

（四）汉语语音学上谈到普通话的调值是，阴平（55），阳平（35），上声（214），去声（51），这是一个描述汉语四声的理想模型，所谓的墨西哥汉语习得者发音标准与否，只是一个与理想模型之间差异度大小的问题。这里的第一要素是理想模型的选择。墨西哥汉语习得者的语音学习除了模仿老师的读音，就是配合课本随带 CD 录音，因此把 CD 上汉族人发音的声学参数作为理想模型更可行和可信。《今日汉语》配用男女汉族发音人录制的 CD，汉族发音人音色纯正，CD 录音对应我们挑选的 $18 \times 4 = 72$ 个音节作为墨西哥汉语习得者的发音材料。用 praat 对 CD 上的 $18 \times 4 \times 2 = 144$ 个音节的男女汉族发音人的发音用"过程 3"的方式做了音高分析，并用 excel 作图。我们把汉族人的发音的音高数据作为墨西哥汉语习得者发音人的对比材料。

最后把汉族男女发音人和墨西哥汉语习得者的普通话四声 T 值均值列为图 1 - 2，用于讨论墨西哥汉语习得者四声偏误和错误的特点。

图 1 - 2　汉族男女发音人和墨西哥汉语习得者的四声 T 值均值图

三、实验结果

实验数据及分析结果显示，汉语语音训练约 100 小时左右的墨西哥汉语习得者的普通话四声偏误和错误的特点是：（1）在调域偏误上有如下降级序列：去声 > 阴平 > 阳平。（2）在调型偏误上有如下降级序列：阳平 > 上声。（3）调型偏误和调域偏误 > 调型错误。前面墨西哥汉语习得者普通话四声声调调类感知的实验结果显示有下列难易序列：阳平 > 上声 > 去声 > 阴平，由此可知感知和产出之间确实有关。

第二章

记忆与声调感知

记忆是学习过程中的一个很重要的环节，"阿特金森和希夫林（At-kinson 和 Shiffrin，1968）提出了记忆的多存贮模型（The Multi – store Model of Memory），该模型把记忆看作是一个系统，按照信息在系统内储存的时间可以划分为三个不同的子系统：感觉记忆、短时记忆与长时记忆。感觉记忆（sensory memory）指感觉刺激停止之后所保持的瞬间映像。由于它的作用时间极其短暂，似乎只有瞬间的贮存，因而又可以称为瞬时记忆。（张祥墉等，1983）感觉记忆的保存时间约 0.5 ~ 3 秒。感觉记忆又可分为：听觉记忆、嗅觉记忆、味觉记忆等。声调的处理与听觉记忆有关。有关瞬时记忆的研究结果表明："在刺激刚刚呈现之后，感觉记忆中有更多的信息可以提取，但这些信息会随着时间而迅速消失。（陈国鹤等，2004）神经心理学对于听觉记忆的脑功能磁共振的研究成果表明，"数字的瞬时记忆的编码和提取激活的分别是双侧前额叶（BA9—46 区）"和"双侧顶叶（BA7 区）"（孙兮等，2004）。徐子亮（2008）把人的信息处理过程列如下图①：

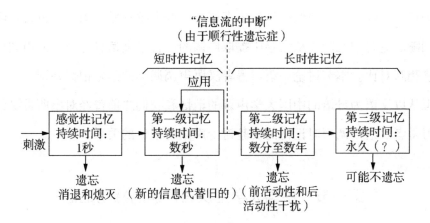

图 2 - 1　人的信息处理过程

由上图可知，感觉性记忆持续时间是 1 秒，上文中有的学者认为可以保存时间约 0.5 ~ 3 秒，之后进入短时记忆阶段。关于短时记忆，"美国心理学家米勒（G. A. Miller，1956）发表了一篇论文《神奇的数 7 加减 2：我们加工信息能力的某些限制》，米勒认为短时记忆的信息容量为 7 ± 2 个组块，这个数量是相对恒定的，这就是短时记忆的组块理论"（刘万伦，2003）。

学习与记忆关系密切，四声调类感觉记忆的差别会影响到四声调类的感觉登录以及短时、长时记忆的加工从而影响到普通话四声的学习。上文对墨西哥、韩国汉语习得者普通话四声感知的测试已说明了二语习得者感知汉语四声的不同调类难度有别。汉语学习者在感知汉语的四声时，首先是感知汉语声调调类的差异，也就是先要经过感觉性记忆的这

---

①　徐子亮. 对外汉语教学心理学［M］. 华东师范大学出版社，2008.

一过程。即使已经建立起汉语声调范畴的汉语后期学习者，根据目前的语言加工理论，当他们听到汉语声调时，调类感觉登录的差别也会影响到随后短时记忆阶段从大脑中提取声调的语音语义信息与登录的声调信息相互对比。本节讨论二语习得者汉语声调调类的感觉记忆差别。下面拟从以汉语为母语的中国大学声调的记忆和我们之前曾经对墨西哥汉语习得者汉语声调短时记忆的实验讨论声调与记忆的关系。

第一节　中国大学生汉语声调的感觉记忆

一、资料和方法

（一）实验对象

从本校中国大学生中采用非随机任意抽样法抽取 22 名大学一年级以汉语为母语的中国大学生，年龄平均 22 岁，经李天心中国人左右利手测试为左利手。

（二）实验材料

同上"中国大学生汉语声调感知的实验材料一"。

（三）实验程序

实验根据 rodbent（1954）双耳分听的思路和前人对短时记忆广度的研究设计实验，实验程序借鉴 Passarotti 和 Banich 等、蔡厚德等以及上文双耳分听刺激呈现范式，把呈现材料按耳内匹配设计。

左耳右耳耳内匹配		右耳左耳耳内匹配	
左耳	右耳	左耳	右耳
bā	bá	bá	bā
bā	bǎ	bǎ	bā

（四）实验过程

以测试"一声"为例说明实验过程，"一声"实验材料因左、右耳的不同分为两组实验材料，实验时，首先会在屏幕中央出现一个注视点"＋"作为提醒被试注意听音的符号，注视点"＋"消失后，接着会在左、右耳同时出现的两个不同声调的音节作为测试音节，之后间隔2000ms之后左右同时出现另一组两个不同声调的音节，然后有1500ms反应时间供被试判断先后二次出现的音节中时是否有相同的声调的音节。测试"二声""三声"和"四声"时以此类推，共四个block，实验用手在被试间平衡。

（五）实验设备

联想台式电脑（联想公司，中国），15寸液晶显示器，立体声头戴式耳机。

（六）实验设计

调类（一、二、三、四）×耳（左耳、右耳）被试内重复测量设计。

（七）统计学方法

使用SPSS 13.0对韩国汉语习得者识别普通话辅元音节四声错误率进行重复测量方差分析（MANOVAs）统计分析，以 $P < 0.05$ 表示差异

具有显著性。

二、实验结果统计与分析

根据实验结果，把中国大学生普通话辅元音节四声在感觉记忆条件下的平均正确反应时间列如下表 2 - 1。

表 2 - 1　中国大学生普通话辅元音节四声在感觉记忆条件下的
平均正确反应时间（单位：ms）及错误率（单位:%）（M ± SD）

	左耳		右耳	
	正确反应时	错误率	正确反应时	错误率
阴平	1135. 40 ± 109. 22	29. 81 ± 11. 41	1109. 93 ± 171. 32	26. 82 ± 9. 87
阳平	1149. 85 ± 75. 68	31. 95 ± 9. 17	1132. 40 ± 119. 19	32. 04 ± 8. 82
上声	1128. 26 ± 130. 35	29. 05 ± 10. 86	1132. 75 ± 119. 42	31. 72 ± 7. 71
去声	1155. 30 ± 117. 35	30. 0 ± 11. 64	1188. 74 ± 72. 44	30. 30 ± 7. 90

对上表的统计结果如下：

反应时间：识别汉语四声的反应时间，调类差异不显著，F (3. 63) = 2. 04，P = 0. 11，双耳主效应不显著，$F < 1$，调类和双耳的交互作用不显著，F (3. 63) = 1. 73，P = 0. 17。

错误率：识别汉语四声的错误率，调类差异不显著，F (3. 63) = 2. 41，P = 0. 1，双耳主效应不显著，$F < 1$，调类和双耳的交互作用不显著，$F < 1$。

对上表的统计结果显示，在感觉记忆条件下，中国大学生普通话四声的识别在调类之间或双耳之间无显著性差异。

　　根据上表 2-1 列出在感觉记忆条件下，中国大学生普通话四声调类识别难易度序列表。

表 2-2　感觉记忆条件下中国大学生辅元音节调类识别序列表

	左耳	右耳
反应时	去声 > 阳平 > 阴平 > 上声	去声 > 上声 > 阳平 > 阴平
错误率	阳平 > 去声 > 阴平 > 上声	阳平 > 上声 > 去声 > 阴平

　　上文已经说明，在无记忆条件下，中国大学生在识别汉语的辅元音节和元音音节声调时，去声的识别存在显著的大脑左半球偏侧化，阴平存在显著的大脑右半球偏侧化，而阴平、阳平或上声的识别显示出左手是优势反应手。

　　在感觉记忆条件下，中国大学生四声识别最显著的特点是所有声调在双耳和双手上均未显示出显著性差异。

　　由此可以推论，无记忆任务和感觉记忆条件下，被试提取四声的声学信息有差别，在无记忆任务条件下，去声在频域上是随着时间而从调域的最高向最低下降，成为大脑左半球加工的一个显著频域特征，而右半球对阴平频域的不变性更敏感。

　　下面进一步说明中国大学生在记忆任务和无记忆任务条件下在调类的反应时间和错误率上的差异，为便于比较，把上文中国大学生无记忆任务下的辅元音节声调双耳正确反应时重新列表如下。

表 2 - 3　无记忆任务下的中国大学生辅元音节调类加工序列表

	左耳	右耳
左手	上声 > 阳平 > 去声 > 阴平	阳平 > 上声 > 阴平 > 去声
右手	阳平 > 上声 > 去声 > 阴平	阳平 > 上声 > 阴平 > 去声

由表 2 - 3 可知，在无记忆任务情况下，中国大学生识别阴平、去声最快，阳平或上声最慢。而在记忆条件下，阴平、上声最快，去声最慢。因此对中国大学生来说，在感觉记忆条件下，四声的感知是左右大脑半球联合加工。

第二节　墨西哥汉语习得者汉语声调的感觉记忆①

王红斌（2014）年曾对墨西哥汉语习得者感觉记忆条件下的辅元声调感知做了实验，测试对象是墨西哥奇瓦瓦自治大学孔子学院零起点班的 14 名学生，年龄在 20～27 岁。实验材料 同上"中国大学生汉语声调感知的实验材料一"，使用了 80 个辅元音节。实验材料呈现方式是：一组呈现 2 对 4 个音节，2 对之间间隔 2000 ms，之后有 3000 ms 的选择时间，这种方式类似于 Brodbent 实验的呈现方式。每组 4 个音节随机出现，每个音节 4 个声调的左右耳出现几率一致，对错选择任务是在 2 对 4 个音节呈现完后开始选择。因此，首先呈现的一对音节对被试有

---

① 王红斌. 墨西哥汉语习得者的声调加工与瞬时记忆［J］. 中国听力语言康复科学杂志，2013（2）：124—127.（收入本节修改了原文中的错误）

记忆任务要求，所做的判断任务是非即时判断；而后呈现的一对音节对被试没有记忆任务要求，所做的判断任务是即时判断。实验得出如下结论：

表2-4 感觉记忆和无记忆条件下墨西哥汉语习得者普通话
辅元音节四声错误率高低一览表

	左右耳
感觉记忆	上声＞阳平＞去声＞阴平
无记忆任务	阳平＞去声＞上声＞阴平

由表2-4可知，在无记忆条件下，汉语声调四声识别错误率的高低与前面对墨西哥汉语习得者声调感知的研究得到的汉语声调识别难易程度"阳平＞去声/上声＞阴平"基本一致，在这个难易度等级序列中，最难识别的声调是阳平，最易识别的声调是阴平。在感觉记忆条件下四声识别的错误率发生了改变，识别错误率最高的是上声和阳平，这是感觉记忆条件下墨西哥汉语习得者识别汉语声调的一个难易等级表，可见感觉记忆对汉语声调的识别有影响。根据实验结果，在感觉记忆条件下，阴平和去声的两个主效应均不显著，而相对较难识别的阳平和上声则显示出感觉记忆主效应的显著差异。

在无记忆任务条件下，声调感知难易程度与声调调型特征有关。在普通话的四个调类中，阴平是平调，与非声调语言音节的音高形式相似，因此最易识别。上声是降升调，去声是高降调，这两个调类的调型特征明显，较易识别。而阳平是半升调，调型特征不明显，最难识别。所以出现了无记忆任务条件下的声调判断难易等级序列。

在感觉记忆条件下，上声的识别错误率上升为第一，阳平位居第二。在感觉记忆条件下，墨西哥汉语习得者识别汉语声调的错误率除与声调调类和调型特征有关之外，还与感觉记忆的特点、遗忘和回忆有关。在调类上，只有阳平、上声出现了记忆主效应显著差异。根据感觉记忆的特点，在刺激刚呈现之后，感觉记忆中有更多的信息可以提取，但这些信息会随着时间而迅速消失。被试在识别四声时，有一个感觉—加工—记忆—提取的过程，在这个过程中，被试的四声识别受到四声识别难易度和声调调类的调型特征影响，在实验中较难识别。

无调型特征的阳平的识别加工过程较阴平的时间更长，并占用了本应属于后一组声调的听辨时间，而后进入感觉记忆，因此，阳平进入感觉记忆阶段较晚，据感觉记忆判断阶段的时间更近，另据感觉记忆的遗忘特点，在感觉记忆条件下阳平信息的提取会产生较少的错误。较易识别的声调阴平或有调型特征的上声或去声识别时间短，而后进入感觉记忆状态，进入感觉记忆阶段较早，距离感觉记忆阶段的时间长，另据瞬时记忆的遗忘特点，提取时易产生错误。虽然上声是调性特征较明显的声调，但是如果不注意上声的"拐点"特征，汉语习得者易将阳平和上声混淆。这就可以解释为什么在即时判断条件下，阳平出现错误率上升，上声则不出现这种情况，而在感觉记忆条件下，上声出现错误率上升，阳平则没有出现这种情况。

第三节　墨西哥汉语习得者和中国大学生四声感觉记忆的差异

　　上面从四声频域识别的特征和有无记忆任务的错误率两个方面讨论中国大学生和墨西哥汉语习得者感知普通话四声的差别。下面从识别模式上总结两者的差别。

　　中国大学生和墨西哥汉语习得者在无记忆任务条件下，阴平在频域上的无变化性是识别的突出特征。差别是在感觉记忆条件下，墨西哥汉语习得者识别频域特征的优势序列是：频域无变化的特征（阴平），频域大幅变化的特征（去声）以及频域内的曲折变化的阳平和上声作为听感上的显著特征。而中国大学生是把频域无变化的特征（阴平）和频域内的曲折变化的上声作为首要特征。

　　从识别结果看，由第一节中的表2－4和第一节中表2－1可知，中国大学生在有记忆条件下，加工时间缩短，但错误率成三倍左右增加，而墨西哥汉语习得者在记忆条件下的四声识别，上声、去声、阴平错误率分别增加了7%，3%，1%，而阳平的错误率下降了9%，这可能有两个方面的原因，一是实验设计上造成的，墨西哥汉语习得者仅要求报告是左耳或右耳听到的四声中的某一个需识别调类，马上报告或者是2000ms之后的报告时间上的差异，被试可以在四个调类中听到需识别的目标声调后，便停止搜索。由此推论，墨西哥汉语的汉语四声的提取模式是自我终止扫描模式（self－terminating）（刘万伦，2003）。

　　而中国大学生首次识别两个声调，之后2000ms二次识别两个声调，并且还要在三个调类之间进行对比，由此而带来加工的难度增加。由此推论，中国大学四声信息的提取模式是系列全扫描模式（刘万伦，2003），因此两组声调之间间隔2000ms的加工和报告时间使四声识别的正确率下降非常明显，但由此也显示出了中国大学生调类记忆和识别的特点与频域之间的关系，也就是把频域无变化的特征（阴平）和频域内的曲折变化的上声作为识别的首要特征。

第三章

第二语言学习者辅音感知能力的发展

辅音和元音是构成音节结构中的成分，辅音和元音在语音感知理解中各自起着不同的作用。颜永红、李军锋和应冬文（2013）指出："Fletcher 从清晰度、元音和辅音引起的错误模式出发，研究了元音和辅音在 CV、VC 和 CVC 的单音节字和无意义音节中的相对重要性。研究结果是：辅音为孤立词识别提供了更多的有用信息，即语音的大部分信息是由辅音携带的。""近年来，Owren 和 Cardillo 利用分段替换方法产生了只有辅音或者只有元音的多音节字，进行语音可懂度和说话人辨别主观测听实验。结果表明：辅音对语音可懂度更为重要，元音携带了更多的说话人信息。"

语音习得的研究从一开始就特别关注"语音对子"的习得，如汉语中的送气和不送气音 b [p]、p [p']，英语中的清浊辅音 [b] [p]，元音 [i] [ɪ] 等。这些"语音对子"在习得者的母语和目标语中分别具有音位层上的区别特征，也是二语学习者目标语学习的难点。在 20世纪 70 年代，"Abramson and Lisker（1970）等认为成人的语音对子的感知受到他们的母语体系的强烈的影响。传统上对这种现象的解释有一个感性的概念，即母语'语音过滤器'在产生非母语片段时起作用"（Polivanov，1931；Trubetskoy，1939、1969）。但由于传统的对比理论无法完全预测二语习得者在学习目标语时所面临的困难。Eckman 基于语言类型学的思想，提出了"Markedness Differential Hypothesis（MDH）标记区分度假设""试图通过语言间（目标语和母语中的语音对子）的标记关系进行语言对比，并对二语学习者习得语言难度的位置和方向作出预测"（张铭涧，2012）。

Eckman（1977）提出的"MDH"预测：（1）目标语言中与母语不同且比母语更具有标记性的区域将很困难。（2）目标语言区域的相对难度高于母语与其标记性的相对难度相对应。（3）目标语言中与母语不同但没有比母语更多的标记性将不会是难点。进一步说明标记性是"某些语言中的现象 a 比 b 更具有标记性，如果某一语言中的 a 存在蕴含着 b 的存在；但是 b 的存在并不一定蕴含着 a 的存在。"这一理论和二语习得之间的关系是："根据 MDH，如果两个结构之间存在蕴含关系，即 a 语言的有标记结构，而 b 语言的无标记结构，那么讲 a 语言的人习得 b 语言的无标记结构要快于讲 b 语言的人习得 a 语言的有标记结构"（张铭涧，2012）。

本章通过实验并借鉴语言类型学的思想观察第二语言学习者辅音的"语音对子"感知的阶段性特征和发展过程。共分四节：

第一节墨西哥初级汉语习得者普通话声母的获得顺序。第二节通过实验观察分别以韩语、西语和俄语为母语的第二语言习得者汉语送气和不送气塞音的感知特征和脑偏侧化特征。第三节通过实验观察以汉语为母语的中国大学生对西语、德语、法语和英语清浊辅音的感知特征和脑偏侧化特征。第四节根据以上三节的实验讨论语言类型学中的标记区分度假设与辅音的感知之间的关系。

第一节　墨西哥初级汉语习得者普通话声母的感知顺序

一、引言

现代汉语普通话的声母一共有 21 个，其中清辅音 17 个，浊辅音 4 个，在这 21 个辅音中，"西班牙语和汉语辅音有 10 个基本相同的辅音"（陆经生，1991）。汉语习得者在感知汉语辅音时是否是从其母语和汉语语音的相似特征开始的是本节讨论的问题。

感知同化模型（PAM）（Catherine T. Best，1993）主要解释的是处于母语语音体系中的二语习得者如何感知非母语的语音，这里所说的非母语语音的性质决定了它们与母语的语音范畴（Phonological Category）同化的程度；而它们所能同化的程度又决定了学习者是否能够感知存在于两种语言间的语音差异。

James E. Flege 的语音学习模型有一系列假设，其中有两个假设与本节有关："L1 和 L2 的语音在音位变体层面的知觉上相互关联，而不是在抽象的音素层面。L2 与 L1 之间可感知的语音差异越大，两种语言语音之间的差别就越有可能被辨别出来。""SLM 认为 L2 习得者在语音的感知和产出方面出现的错误是由于对语言间音位变体的认知偏差引起的跨语言的语音干扰所造成的"（郭雅斌，2006）。

下面通过墨西哥汉语习得者每间隔一周时间感知汉语的 21 个声母的情况，观察墨西哥汉语习得者同化 21 个汉语声母的过程。

二、资料和方法

（一）实验对象

采用非随机任意抽样法取得墨西哥奇瓦瓦自治大学孔子学院零起点班 15 名学生，无汉语学习背景。奇瓦瓦人，年龄范围在 18～25 岁之间，他们生活在奇瓦瓦，说西班牙语，会说英语，不过英语发音有明显的西班牙语风格。所有被试视力或矫正视力正常，听力正常，非左利手。对这些学生进行声母教学并在 1 周（总 6 课时）后，进行第一次测试，学习汉语第二周后（总 12 课时）进行第二次测听，第三周（总 18 课时）之后进行第三次测听。

（二）实验材料

普通话 21 个声母，这 21 个声母的录音分别有男声和女声两种，男声录音来自《汉语拼音入门》录音，女声录音来自"digmandarin 网站"汉语音节的女声录音。实验材料的取样率是 44100Hz，16bit 量化，单声道，用 cooleditpro2. 0 标准化为 75dB，时长 450ms，. wav 格式。

（三）实验程序

每个测试音按男声—女声；女声—男声；女声—女声；男声—男声四种方式排列，先呈现启动刺激，后呈现目标刺激，两个刺激间隔 1000ms，2500ms 的反应时间，实验测试音随机出现。在实验时，首先在荧光屏出现英文的指导语，然后会在屏幕上出现一个"＋"作为提示符号，表示下面要出现测试音了，接着出现两个声母的发音，当被试听到这两个声母后，要求又快又好地判断出这两个声母是否是同一个声母，并选择"yes（q 键）"，或"no（P 键）"，程序记下反应时间和正误。在正式试验开始前，有一组练习例子，但是练习例子中的录音不是要测试的声母，当被试熟练掌握了测试流程后，正式测试开始。

（四）实验设备

IBM 笔记本，15 寸显示屏，Sumsung 耳机。

（五）统计学方法

每位被试实验数据导入 Microsoft Office Excel 2003，按男声、女声；女声、男生；女声，女声；男声、男声四种方式进行错误率均值统计。

三、实验结果

（一）下面按墨西哥汉语习得者感知普通话声母的错误率排列为如下序列，错误率是错误数除以总数：

1. 第一次：t、z > d、l、z h > j、c、r > b、n、x、s > p、m、f、g、k、h、q、ch、sh

错误率：9.52%　　7.14%　　4.76%　　2.38%　　0%

2. 第二次：b、n、j、q、x、s、z、zh > f、d、t、l、c、> p、m、g、k、h、ch、sh、r

错误率：4.76%　　2.38%　　0%

3. 第三次：z > t、s > x > d、n、l、g、c、zh > b、r > m、k、j、sh

>p、f、h、q、ch

　　错误率：14.29%　　　11.9%　　　9.52%　　　7.14%　　　4.76%
2.38%　　0%

　　在以上三次测试的错误序列中，左边的声母错误率高于右边声母的错误率，声母错误等级序列下面的数字是错误率的百分比。这三次不同时间的测试反映了墨西哥汉语习得者在感知汉语语音时的难易程度以及汉语声母感知获得的过程。

　　张家骤等（1981）在心理物理实验的基础上对汉语语音进行多维分析，他提出汉族人汉语辅音的区别特征的知觉位次是：［±清浊］、［±送气］、［±摩擦］、部位（前，中，后）。

　　因此下面首先从发音方法上观察墨西哥汉语习得者汉语普通话辅音识别的难易度序列。

　　从辅音的发音方法看：第一次测试最易感知的区别性特征是［±送气］［±清浊］；最难感知的区别特征是［±送气］［+清］。

　　第二次测试结果中最易感知的区别性特征是［±送气］［±清浊］；最难感知的区别特征是［±送气］［±清浊］。

　　第三次测试结果中最易的区别性特征是［+送气］［+清］；最难感知的区别性特征是［+送气］［+清］。

　　从这三次测试中可以看出墨西哥汉语习得者声母的区别特征感知发展的走向是：在最难的区别性特征中，［-送气］逐渐消失，在最易的区别特征中，［+浊］逐渐消失。但是，仅从发音方法的区别特征上难以把以上三次测试等级序列中的最难和最易的语音特征区分出来。由此可推论，墨西哥初级汉语习得者在汉语语音的［±送气］［±清浊］等特征上还没有建立起感知的优先层级系统。

下面进一步从发音部位观察墨西哥汉语习得者对汉语声母的感知。

（二）从发音部位把以上三次测试结果声母的发音部位排列如下：从最容易到最难感知的发音部位的序列是（"＜"表示"先于"，即"＜"左边的先于"＜"右边的音素，下同。）：

1. A. 双唇/唇齿/舌根/舌面/舌尖后＜B. 双唇/舌尖中/舌面/舌尖前＜C. 舌面/舌尖/舌尖后＜D. 舌尖中/舌尖后＜舌尖中/舌尖

2. A. 双唇/舌根音/舌尖后＜B. 唇齿/双唇/舌尖中/舌尖前＜大写C. 双唇/舌尖中/舌面/舌尖前/舌尖后

3. A. 双唇/唇齿/舌根/舌面/舌尖后＜B. 双唇/舌根/舌面/舌尖后＜C. 舌尖中/舌根/舌尖前/舌尖后＜D. 舌面＜E. 舌尖中/舌尖前＜F. 舌尖前

从整体上看，墨西哥汉语习得者前后三次不同时间感知汉语声母的测试结果表明：双唇/唇齿/舌根的难度低于舌尖后/舌面/舌尖中/舌尖前等发音部位的感知难度，但同一发音部位的小类感知发展进程还存在差别。

从上面声母的发音部位看，由听感数据显示：在三次测试中，同一部位辅音的错误率具有不稳定性，主要有，三个"舌根音"在三次测试中感知趋势是：h→g、k、h→ g、k、h，第三次"g、k"错误率上升。舌面音：q→q、x、j→q、x、j。其中"x"的错误率上升。唇齿音：f→f，"f"的错误率上升后下降。舌尖后：ch→ch、sh、r→ch、sh、r，sh、r在第三次测试中错误率上升。

已有的研究成果表明，二语习得者目标语感知同化的过程中，母语和目标语之间的相似度会影响到二语习得者对目标语的感知。因此，我们先观察一下汉语声母和西语辅音之间的异同。一般认为，与母语相同的和完全不同的音素容易习得，由以上墨西哥汉语习得者对汉语声母的三次感知测试来观察，事实并非如此简单。从汉语声母和西语辅音之间的差别看，"汉西间有 10 个基本相同的辅音，可分为一级相似：[b]、[f]、[m]、[n]、[l]、[tɕ']、[k]、[x]；二级相似：[t]、[s]。汉语的 [t] 为舌尖齿眼音，西语的 [t] 为舌尖齿背音，汉语的 s [s] 为舌尖齿背音，西语的 [s] 为舌尖齿龈音，在西班牙南部和几乎整个西语美洲舌位稍向前些，更接近于汉语 s [s] 的发音部位。西语有 9 个辅音为汉语所没有。相对汉语来说西语有较多浊辅音"（陆经生，1991）。

虽然西班牙语和汉语辅音有 10 个基本相同的辅音，但从上面的感知的序列上看，未见 10 个相似辅音全部产生正迁移，在 10 个一级相似辅音中，[f]、[m]、[tɕ'] 一直处于较低的错误率，而二级相似辅音 [t] 一直处于较高的错误率，由此可知，母语迁移在习得目标语的初始阶段是有条件的。由上面从发音部位和发音方法两个维度的考察发现，墨西哥初级汉语习得者在汉语习得的初级阶段对汉语语音 [±送气][±清浊] 等特征还没有建立起来，在这一阶段汉语辅音的发音部位对墨西哥汉语习得者感知汉语辅音的影响更明显，显示出双唇/唇齿/舌根等部位辅音的感知难度低于舌尖后/舌面/舌尖中/舌尖前等发音部位辅音的感知难度。由此可知，在中介语的参数设置初期，发音部位的参数设置先于发音方法的语音区别特征参数的设置。

从语言类型学的标记理论看，汉语的送气音是有标记的，而不送气音是无标记的，不送气音的习得易于送气音。西语中的浊音有标记，清音无标记，清音的习得易于浊音的习得。

　　但是我们会发现三次最易识别的"p、f、h、q、ch"等中只有"q、p、k、ch"在汉语中是标记度高的送气辅音。而且三次测试都是有标记辅音的感知优先于无标记辅音，当然可以认为西语中的"ch"是无标的，从而触发了汉语的有标记辅音感知的优先性，但这种解释太随意。我们认为墨西哥汉语习得者对送气的 VOT 的敏感性是触发因素。由上面的实验结果可知，在目标语学习的这一阶段里，汉语辅音的发音部位对墨西哥汉语习得者感知汉语辅音的影响更明显。由此可得出如下结论：发音部位的参数设置＜发音方法的参数设置。（"＜"在习得序列中，表示"先于"，下同。）

四、结论

　　墨西哥初级汉语习得者感知汉语辅音时显示出：发音部位的参数设置＜发音方法的参数设置。双唇/唇齿/舌根等部位的辅音感知难度低于舌尖后/舌面/舌尖中/舌尖前等发音部位辅音的感知难度。

第二节　汉语学习者母语的差异与汉语
送气和不送气音的感知

一、引言

　　王红斌（2013）的研究中指出：普通话的送气、不送气塞音和塞擦音的区分对于以西班牙语为母语的墨西哥汉语习得者来说是一个难点，例如，他们会把"兔子跑了"说成"肚子饱了"。据已有的其他语种汉语习得者偏误的研究论文显示，以韩语和日语为母语的汉语习得者感知汉语的送气和不送气音时也有同样的偏误，之前研究汉语习得者送气、不送气塞音和塞擦音的成果多集中在发音语音学上。对发音语音学声学特征的偏误分析能了解到汉语习得者所说的中介语语音和普通话"标准"音的差异度，造成这一差异的原因之一，（据墨西哥汉语习得者自我表述说）是他们根本就听不出 b［p］和 p［p'］的差异。因此就有必要观察汉语习得者是如何感知汉语［±送气］这一对语音范畴的。通过双耳分听技术观察这些汉语习得者处理送气、不送气塞音和塞擦音的脑偏侧化特征。

我们的做法是，首先对以汉语为母语的中国大学生送气和不送气音进行感知测试，把感知结果作为外国留学生送气和不送气音感知的参照项。然后使用相同的实验材料通过对分别以西班牙语、俄语和韩语为母语的汉语习得者感知汉语送气和不送气音的实验观察不同母语背景的初级汉语习得者感知汉语送气和不送气时的特征，考察母语类型的差异对他们感知汉语送气和不送气音的影响。因为以俄语和韩语为母语的初级汉语习得者等实验对象的变动性，本研究仅测试了他们感知汉语普通话 b［p］、p［p'］的情况，测试了以西班牙为母语的墨西哥汉语习得者的六组汉语送气和不送气音，因此下文的中国大学生送气和不送气音的分析统计将以西班牙语、俄语和韩语为母语的汉语习得者汉语送气和不送气音实际感知测试的类别为统计分类依据。

二、中国大学生汉语送气和不送气辅音的感知特征

(一) 资料和方法

1. 实验对象

实验对象有两组，一是汉语送气和不送气塞音，被试采用非随机任意抽样法选取 26 名本校大学生。二是汉语送气和不送气塞擦音，被试采用非随机任意抽样法选取 18 名本校大学生。两组被试视力或矫正视力正常，听力正常。经李心天中国人左右利手调查表测试为右利手。

2. 实验材料

实验材料分为两组：一是三对汉语送气、不送气塞音 b、p；d、t；g、k，二是三对汉语送气、不送气塞擦音 j、q；z、c；zh、ch 充任声母的阴平音节。三对送气和不送气塞音分别和 a、o 或 uo、u、ao、ai 组合成 3×2×5＝30 个阴平音节，即：bā、pā；bō、pō；bū、pū；bāo、pāo；bāi、pāi；dā、tā；duō、tuō；dū、tū；dāo、tāo；dāi、tāi；gā、kā；guō、kuō；gū、kū；gāo、kāo；dāi、tāi。三对送气和不送气塞擦音中，j、q 分别和 i、ia、ü 或 u、ao 或 iao、e 或 ie 组合成 3×2×5＝30 个阴平音节，即：jī、qī；jiā、qiā；jū、qū；jiāo、qiāo；jiē、qiē。z、c；zh、ch 分别和 i、a、u、ao、e 组合成阴平音节，即：zī、cī；zā、cā；zū、cū；zāo、cāo；zē、cē。zhī、chī；zhā、chā；zhū、chū；zhāo、chāo；zhē、chē。一共构成不送气、送气塞音和塞擦音充任声母的汉语辅元阴平音节 60 个。这 60 个音节的录音来自" https：//

www. digmandarin. com/chinese – pinyin – chart"汉语音节的女声录音，每个音节的格式是 wav 格式，44100Hz，16bit 量化，单声道，用cooleditpro2. 0 标准化为 75dB，时长 450ms。送气和不送气特征在声学上的特征是"VOT（voice onset time）"的差别，实验材料中汉语语音的送气和不送气 VOT 值如下：

b［p］：15. 1ms（10～18ms）,   p［pʻ］：67. 3ms（45～89ms）,

d［t］：7ms（5～9ms）,   t［tʻ］：87ms（69～99ms）,

g［k］：24ms（15～30ms）,   k［kʻ］：75. 3ms（62～91ms）,

j［tɕ］：58ms（38～78ms）,   q［tɕʻ］：140ms（99～179ms）,

z［ts］：58ms（44～71ms）,   c［tsʻ］：127ms（123～140ms）,

zh［tʂ］：42ms（33～58ms）,   ch［tʂ］130ms（112～137ms）,

3. 实验程序

实验程序的编写借鉴了蔡厚德使用的 Passarotti 和 Banich 等的双耳分听刺激呈现范式，把呈现材料分为左右耳内匹配。

右耳内匹配	左耳内匹配	右耳内匹配	左耳内匹配
右耳	左耳	右耳	左耳
白噪音	ba	ba	白噪音
pa	ba	ba	pa

以不送气塞音为例来说明实验材料呈现方式。首先给被试呈现的材料是每组包含靶刺激和测试刺激，靶刺激是给被试两耳同时呈现一对刺激，其中一侧耳的音节是靶刺激，另一侧耳的白噪音为陪衬音，如白噪音，bā；1000ms 后在两耳同时呈现一对音作为测试刺激，测试刺激和靶刺激有两种匹配方式，一是靶刺激和两个测试音节之一相同（称为：

测试组）共 50 呈现材料组，像 gā，bā 或 pā，bā。测试组中的测试刺激对的组合是，靶刺激音节 5 个 bā、bāo、bō、bū、bāi 与除靶刺激以外的塞音中韵调一样、声母不一样的的 5 个音节匹配构成 5×5＝25 个音节，与塞擦音中韵母近似、声母不一样的 5 个音节构成 5×5＝25 个音节匹配，一共是 50 对音节作为测试刺激对。二是靶刺激和两个测试音节都不同，像 kā，gā 或 gā，dā 等组合，共 50 组作为填充组呈现材料。每组呈现材料随机呈现。以此方法，每个送气、不送气塞音和塞擦音充任声母的音节作为测试组在左耳耳内、右耳耳内各出现 50 次。三个送气塞音和三个不送气塞音在双耳耳间构成 3×2×50＝300 组呈现材料，300 个填充组呈现材料。三个送气塞擦音和三个不送气塞擦音的测试组的设计与三个送气塞音和不送气塞音一样。塞音实验软件按 b、p；d、t；g、k 六个声母类别编写成三个 block。塞擦音实验软件按 j、q；z、c；zh、ch 六个声母类别编写成另外三个 block。实验材料因左右反应手的差异分两组，一共是 12 个 block。

实验时，首先在荧光屏出现指导语，提示被试仔细听录音，屏幕会上出现一个"＋"，接着被试会听到一组三个汉语音节，如果被试的左耳或右耳听到在三个音节中有两个音节是一样的，就按"same"键，如果三个音节都不一样，就按"no same"键。实验材料因左右反应手的差异分两组，左手组把左手作反应用手，右手组把右手作反应用手，之后是 1500ms 反应时间。

4. 实验设备

联想台式计算机，15 寸液晶显示器，立体声头戴式耳机。

5. 实验设计

类别（送气、不送气）×双耳（左耳、右耳）×双手（左手、右手），实验设计是三因素二水平被试内重复测量设计。

6. 统计学方法

使用 SPSS 13.0 对中国大学生汉语送气和不送气音正确反应时间和错误率进行重复测量方差分析（MANOVAs）统计分析，以 $P < 0.05$ 表示差异具有显著性。

（二）实验结果和分析

1. 中国大学生汉语送气和不送气塞音感知实验分析

根据实验结果，把中国大学生汉语送气和不送气塞音感知的正确反应时间和错误率列如下表3－1。

表3－1　中国大学生汉语送气和不送气塞音感知的正确

反应时间和错误率（M±SD）（单位:%）

塞音	反应手	正确反应时间		错误率	
		右耳	左耳	送气	左手
送气	左手	1145.14±116.25	1122.71±117.34	11.73±5.56	10.52±6.22
	右手	1183.27±94.31	1153.34±128.82	12.94±5.63	12.20±5.89
不送气	左手	1126.12±119.53	1125.74±105.34	11.66±4.81	10.70±5.16
	右手	1164.84±120.58	1138.97±111.85	12.24±5.84	12.97±5.80

根据实验设计，对表3－1进行统计，结果显示：

对中国大学生送气和不送气塞音正确反应时间统计显示：类别主效应接近显著水平，$F(1.25) = 3.58$，$P = 0.07$。双耳主效应显著，$F(1.25) = 4.14$，$P = 0.05$，右耳（大脑左半球）是识别汉语送气和不送气音的优势耳（脑半球）；送气和不送气塞音双手的主效应显著，F $(1.25)=6.46$，$P=0.018$，左手作为反应用手，反应时间低于右手的反应时间。类别和双耳的交互作用不显著，类别和双手的交互作用不显著，双耳和双手的交互作用不显著，类别、双手和双耳的交互作用不显著，$F<1$。

对中国大学生送气和不送气塞音错误率的统计显示：送气和不送气塞音识别的双手主效应显著，左手作为反应手时的错误率显著地低于右手作为反应手时的错误率，F $(1.25)=5.80$，$P=0.024$。

双耳主效应不显著，F $(1.25)=3.48$，$P=0.74$。类别主效应不显著，$F<1$。类别和双耳交互作用接近显著，F $(1.25)=3.69$，$P=0.066$。类别和双手交互作用不显著，双耳和双手交互作用不显著，类别、双手和双耳的交互作用不显著，$F<1$。

由以上统计可得出如下中国大学生送气和不送气塞音的感知特征的结果：

（1）反应时间和错误率统计显示：识别送气和不送气塞音时，左手作为反应用手时的反应时间或错误率低于右手作为反应手时的反应时间或错误率。

（2）右耳（大脑左半球）是识别汉语送气和不送气塞音的优势脑半球。

（3）在正确反应时间上，大体上不送气音所用反应时间短于送气音所用的反应时间。

下面进一步考察送气和不送气塞音小类之间的差别，对送气和不送气中的三对塞音分别统计分析正确反应时间和错误率列如下表 3-2。

表 3-2 中国大学生汉语送气和不送气塞音 [p]、[pʻ]

感知的正确反应时间（单位：ms）和错误率（单位:%）（M±SD）

塞音	反应手	反应时间		错误率	
		左耳	右耳	左耳	右耳
[p]	左手	1129.79±127.39	1119.51±140.62	10.83±5.97	9.81±6.38
	右手	1193.59±134.44	1162.69±114.75	12.75±6.03	13.58±6.33
[pʻ]	左手	1150.78±132.28	1132.67±128.85	11.73±6.19	11.73±6.64
	右手	1218.55±113.88	1190.09±114.78	14.29±6.57	13.20±6.84

根据实验设计，从反应时间和错误率上对表 3-2 进行统计，结果显示：

（1）反应时间：b [p] 的识别时间显著地快于 p [pʻ] 的识别，$F_{(1.25)}=5.15$，$P=0.032$；双手的主效应显著，左手作为反应用手时的反应时间低于右手的反应时间，$F_{(1.25)}=8.20$，$P=0.008$。双耳主效应不显著，$F_{(1.20)}=2.06$，$P=0.164$；类别和双耳的交互作用不显著，类别和双手的交互作用不显著，双耳和双手的交互作用不显著，类别、双手和双耳的交互作用不显著，$F<1$。

（2）错误率：双手主效应显著，左手作为反应用手时的错误率低于右手作为反应手时的错误率，$F_{(1.25)}=5.40$，$P=0.029$。

b [p]、p [pʻ] 两类之间主效应差异不显著，$F_{(1.25)}=1.82$，$P=0.188$。双耳主效应不显著，类别和双耳的交互作用不显著，类别和双手的交互作用不显著，双耳和双手的交互作用不显著，$F<1$。类别、双手和双耳的交互作用不显著，$F_{(1.20)}=2.80$，$P=0.106$。

由以上对中国大学生送气和不送气塞音 b [p]、p [pʻ] 的分析，得出如下结论：

（1）b［p］的识别时间显著地快于 p［p'］的识别时间。

（2）识别 b［p］、p［p'］时，左手作为反应用手的反应时间或错误率低于右手的反应时间或错误率。

2. 中国大学生汉语送气和不送气塞擦音感知实验分析

根据实验结果，把中国大学生汉语送气和不送气塞擦音感知的正确反应时间和错误率列如下表 3 – 3。

表 3 – 3　中国大学生汉语送气和不送气塞擦音感知的

正确反应时间（单位：ms）和错误率（单位:%）（M±SD）

塞擦音	反应手	正确反应时间		错误率	
		左耳	右耳	左耳	右耳
送气	左手	1108. 26 ± 129. 37	1097. 50 ± 107. 85	28. 58 ± 9. 48	28. 08 ± 10. 77
	右手	1116. 85 ± 123. 63	1103. 75 ± 108. 34	26. 48 ± 9. 07	27. 46 ± 9. 85
不送气	左手	1105. 52 ± 97. 34	1118. 47 ± 104. 59	21. 91 ± 8. 91	23. 76 ± 8. 83
	右手	1083. 48 ± 103. 36	1086. 04 ± 114. 80	22. 77 ± 9. 80	22. 77 ± 9. 60

根据实验设计，对表 3 – 3 统计的结果显示：

对中国大学生送气和不送气塞擦音正确反应时间统计显示：类别主效应，双耳主效应，双手主效应，类别和耳的交互作用不显著，耳和手的交互作用不显著，类、手和耳的交互作用不显著，$F < 1$。类别和双手的交互作用不显著，$F_{(1.17)} = 3.59$，$P = 0.098$。

对中国大学生送气和不送气塞擦音错误率的统计显示：类别主效应显著，送气塞擦音的错误率显著高于不送气塞擦音，$F_{(1.17)} = 24.45$，$P = 0.000$。双耳的主效应不显著，$F_{(1.17)} = 1.34$，$P = 0.26$。

类别、双手和双耳的交互作用不显著，F（1.17）= 2.36，P = 0.145。双手主效应不显著，类别和双耳的交互作用不显著，双耳和双手的交互作用不显著，类别和双手的交互作用不显著，F < 1。

由以上统计可得出：中国大学生识别送气和不送气塞擦音时，送气塞擦音的错误率显著高于不送气塞擦音。

三、初级汉语习得者母语的差异与汉语送气和不送气音的感知

汉语21个辅音中有12个以送气和不送气作为区别性特征，送气和不送气辅音是汉语学习者的难点，这一节对以西班牙语、韩语和俄语为母语的初级汉语习得者进行汉语送气和不送气塞音测听。以往的研究表明，二语习得者母语背景的差异会对二语习得者目标语的学习产生影响，上述汉语习得者的母语（韩语除外）中与汉语送气和不送气辅音同部位的辅音是清浊对立的辅音，清浊对立在声学上的特征是 VOT 值上的差异，汉语送气与不送气的声学特征也是 VOT 值的差异。Lisker、Abramson（1964）① 从声学角度已经给出了如下西语、韩语、英语塞音的 VOT 值。

韩语塞音的 VOT：（Lisker、Abramson，1964）

	[p]	[p ʻ]	[pʰ]	[t]	[tʻ]	[tʰ]	[k]	[kʻ]	[kʰ]
Av.	7	18	91	11	25	94	19	47	125
R.	0 : 15	10 : 35	65 : 115	0 : 25	15 : 40	75 : 105	0 : 35	30 : 65	85 : 200
N.	15	30	21	16	24	12	16	34	12

---

① Lisker L，Abramson A S. A Cross – Language Study of Voicing in Initial Stops：Acoustical Measurements［J］. Word，1964，20（3）：384—422.

英语塞音的 VOT：（Lisker and Abramson，1964：394）

	[b]	[p]	[d]	[t]	[g]	[k]
Av.	1/ –101	58	5/ –102	70	21/ –88	80
R.	0：5/ –130：–20	20：120	0：25/ –155：–40	30：105	0：35/ –150：–60	50：135

西语塞音的 VOT：（Lisker and Abramson，1964：392）

	[b]	[p]	[d]	[t]	[g]	[k]
Av.	–138	4	–110	9	–108	29
R.	–235：60	0：15	–170：–75/	0：15	–165：–45	15：55
N.	17	20	16	16	14	20

俄语的 VOT：（秦茂松，2005）

[b]：–157　[p]：57　[d] –157　[t]：22　[g]：–139　[k]：65

上面西语、英语和俄语的塞音的清音是正值，浊音是负值，而韩语松、紧、送气音是正值，本节使用和中国大学生一样的实验材料，采用一样的实验方式对以西班牙语、韩语和俄语为母语的初级汉语习得者进行汉语送气和不送气塞音测听，以观察不同母语背景的汉语习得者的母语中塞音的差异与他们感知汉语送气和不送气音之间的关系。

（一）韩国汉语汉语习得者送气和不送气音的感知

1. 实验对象

某大学汉语为零起点的 13 名学生韩国学生，其中女生 9 人，男生 4 人。年龄范围 18～25 岁之间。学习汉语语音约 10 周之后进行测听。

2. 实验材料

实验材料、实验程序同中国大学生送气和不送气塞音 b［p］、p［p'］一样，识别反应时间 2000ms。

3. 实验设备

联想台式机，15 寸液晶显示器，铁三角主动降噪耳机。

4. 实验结果

下面把以韩语为母语的初级汉语习得者塞音测听数据列如下表3－4。

表3－4 以韩语为母语的汉语习得者汉语塞音的
正确反应时间（单位：ms）和错误率（单位:%）（M±SD）

塞音	反应时间		错误率	
	左耳	右耳	左耳	右耳
[p]	1246.26±119.76	1207.17±123.49	24.57±13.83	25.0±14.0
[p']	1237.59±157.99	1251.91±106.37	23.50±13.94	25.0±12.83

基于反应时间的统计，b[p]、p[p'] 识别的左耳主效应不显著，右耳主效应不显著。左右耳交互作用不显著，$F < 1$。

基于错误率的统计，左耳主效应不显著，左右耳交互作用不显著，$F < 1$。右耳主效应不显著，$F_{(1.12)} = 1.76$，$P = 0.208$。

（二）以俄语为母语的汉语习得者送气和不送气音的感知

1. 实验对象

某大学汉语为零起点的5名以俄语为母语的学生，其中女生3人，男生2人。年龄范围18～25岁之间。学习汉语语音约10周之后进行测听。

2. 实验材料

实验材料、实验程序同中国大学生送气和不送气塞音b[p]、p[p'] 一样。识别反应时间为2000ms。

3. 实验设备

联想台式机，15寸液晶显示器，铁三角主动降噪耳机。

4. 实验结果

下面把以俄语为母语的初级汉语习得者塞音测听数据列如下表 3 - 5 和表 3 - 6。

表 3 - 5　以俄语为母语的汉语习得者的汉语塞音正确反应时间（单位：ms）

	左耳				右耳			
	均值	25th	50th	75th	均值	25th	50th	75th
[p]	1402.49	1181.71	1379.60	1634.72	1350.28	1124.16	1278.72	1612.18
[p']	1409.08	1153.16	1510.88	1614.09	1352.47	1143.85	1304.60	1585.02

以俄语为母语的汉语习得者只有 5 人，故采用非参数的统计学方法。对表 3 - 4 中 b [p]、p [p'] 的 wilcoxon 检测表明：在正确反应时间上，左右耳感知 b [p]、p [p'] 无显著差异，$Z = -0.175$，$P = 0.861$；$Z = -1.153$，$P = 0.249$。

表 3 - 6　以俄语为母语的汉语习得者汉语塞音感知的错误率（单位:%）

	左耳内				右耳内			
	均值	25th	50th	75th	均值	25th	50th	75th
[p]	18.2	6	23	28	18.2	5.5	24	28
[p']	20	8	23	31.5	20.2	6.5	28	30

在错误率上，左右耳感知 b [p]、p [p'] 无显著差异，$Z = -0.749$，$P = 0.454$，$Z = -0.07$，$P = 0.944$。

（三）墨西哥初级汉语习得者送气和不送塞音的感知①

为了对比语言类型的差异与汉语送气和不送气音感知的差别，本节引用了王红斌（2013）墨西哥汉语习得者的实验数据。

1. 实验对象

墨西哥奇瓦瓦自治大学孔子学院零起点班 19 名学生，其中女生 10 人，男生 9 人，奇瓦瓦人，年龄范围 18～39 岁之间（25.4±3.97），他们生活在奇瓦瓦，说西班牙语，会说英语，不过英语发音有明显的西班牙语风格。所有被试视力或矫正视力正常，听力正常，非左利手。本项研究被试是采用非随机任意抽样法选取的。

2. 实验材料

与第一节中国大学生汉语六组送气和不送气音一样。

3. 实验程序

实验程序的编写借鉴了蔡厚德使用的 Passarotti 和 Banich 等的双耳分听刺激呈现范式，把呈现材料分为左右耳匹配。

右耳	左耳	右耳	左耳
白噪音	ba	ba	白噪音
pa	ba	ba	pa

以不送气塞音为例来说明实验材料呈现方式：首先给被试的呈现材料是每组包含靶刺激和测试刺激，靶刺激是给被试两耳同时呈现一对刺

---

① 王红斌. 墨西哥汉语习得者普通话送气和不送气音的脑偏侧化 [J]. 听力学及言语疾病杂志，2013，(6)：574—577.

激，其中一侧耳的音节是靶刺激，另一侧耳的白噪音为陪衬音，如：白噪音，bā；1000ms 后在两耳同时呈现一对音作为测试刺激，测试刺激和靶刺激有两种匹配方式，一是靶刺激和两个测试音节之一相同（称为：测试组）共 50 呈现材料组，像 gā，bā 或 pā，bā（测试组中的测试刺激对的组合是，靶刺激音节 5 个 bā、bāo、bō、bū、bāi 与除靶刺激以外的塞音中韵调一样、声母不一样的的 5 个音节匹配构成 5×5＝25 个音节，与塞擦音中韵母近似、声母不一样的 5 个音节构成 5×5＝25 个音节匹配，一共是 50 对音节作为测试刺激对，为减少习得者母语因素影响，"［q］"充任声母的的 5 个音节未匹配在"［q］"作为靶刺激之外的测试刺激对中）。二是靶刺激和两个测试音节都不同，像 kā，gā 或 gā，dā 等组合，共 50 组作为填充组呈现材料。每组呈现材料随机呈现。以此方法，每个送气、不送气塞音和塞擦音充任声母的音节作为测试组在左耳耳内、右耳耳内各出现 50 次。三个送气塞音和三个不送气塞音在双耳间构成 6×2×50＝600 组呈现材料，600 个填充组呈现材料。三个送气塞擦音和三个不送气塞擦音的测试组的设计与三个送气塞音和不送气塞音一样。实验软件按 b、p；d、t；g、k；j、q；z、c；zh、ch 六个声母类别编写成六个 block，分六次完成。

在实验时，首先在荧光屏出现英文的指导语，提示被试仔细听录音，屏幕会上出现一个"＋"，接着被试会听到一组三个汉语音节，如果被试的左耳或右耳听到在三个音节中有两个音节是一样的，就按"same"键，如果三个音节都不一样，就按"no same"键，之后是 3000ms 反应时间。实验用手在被试间平衡。

4. 实验设备

Hp pavilion simline S5500la PC 台式机，20 寸宽屏液晶显示器，Perfactchioce 立体声头戴式耳机。

5. 统计学方法

实验数据导入 Microsoft Office Excel 2003 按送气、不送气塞音，送气、不送气塞擦音四类进行均值统计，根据数据特征采用 Wilcoxon 检测法通过 SPSS13.0 软件统计两耳之间正确反应时间的显著性。

根据实验结果，学习 25～30 小时和 50～60 小时汉语语音的墨西哥汉语习得者塞音和塞擦音的平均正确反应值以及 Wilcoxon 检测结果的"Z"和"P"值分别列如下表 3－7 和表 3－8。

表 3－7　学习汉语语音 20～30 小时的墨西哥汉语习得者的汉语塞音
和塞擦音的脑偏侧化数据和检测结果

	左耳	右耳	Z	p
送气	1733.83 ± 307.78	1680.19 ± 353.49	−0.724	0.469
不送气	1738.09 ± 295.99	1715.93 ± 411.99	−0.362	0.717

表 3－8　学习汉语语音 50～60 小时的墨西哥汉语习得者的汉语塞音
和塞擦音的脑偏侧化数据和检测结果

	左耳	右耳	Z	p
送气	1685.90 ± 262.68	1782.85 ± 328.60	−1.891	0.059
不送气	1663.18 ± 374.68	1682.79 ± 334.91	−0.040	0.968

由表 3－7 可知，学习汉语语音 25～30 小时的墨西哥汉语习得者塞音和塞擦音左右耳送气和不送气声母的正确反应时间未见显著差异。

由表 3－8 可知，学习汉语语音 50～60 小时的墨西哥汉语习得者送气塞擦音的左耳（大脑右半球）的正确反应时间低于右耳（大脑左半球）的正确反应时间，呈显著水平，$Z = -2.093$，$P = 0.036 < 0.05$，不送气塞擦音的左耳（大脑右半球）的正确反应时间低于右耳（大脑左半球）的正确反应时间，呈显著水平，$Z = -2.33$，$P = 0.020 < 0.05$，送气和不送气塞音双耳正确反应时间未达到显著水平。

（四）母语的差异与二语习得者汉语送气和不送气音感知的特征

根据已有的研究表明，从西语、俄语和韩语塞音 VOT 值的差异上看，西语、俄语塞音清音 VOT > 0，浊音 VOT < 0，韩语的塞音 VOT > 0。

虽然三种语言塞音之间有差异，但是在汉语学习者的初级阶段，以西语、俄语和韩语为母语的初级汉语习得者在感知汉语送气和不送气塞音时显示出共同的特征，大脑"左""右"半球识别汉语的塞音无显著性差别。但是在识别时间上有差异。由表 3 - 4 至表 3 - 8 可知，西班牙汉语习得者识别汉语塞音的时间 > 俄语汉语习得者识别汉语塞音的时间 > 韩语汉语习得者识别汉语塞音的时间。由这一识别时间长短可知：母语塞音 VOT 值的差别确实和汉语塞音的感知有关联。

在初级阶段后，我们仅测试了以西班牙语为母语背景的汉语习得者的情况，发现他们出现了送气塞擦音大脑右半球优势。限于条件，未能测试以俄语和韩语为母语的汉语习得者识别汉语塞擦音的情况。

（五）汉语送气和不送气音的产出与感知的关系

上文讨论了不同母语的汉语习得者感知汉语送气和不送气音的异同。下面以墨西哥汉语习得者为例，考察汉语送气和不送气音的产出与感知的关系。

1. 资料和方法

（1）实验对象

墨西哥奇瓦瓦自治大学孔子学院汉语零起点班 10 名学生，其中女生 5 人，男生 5 人。奇瓦瓦人，年龄范围 18～24 岁之间，学习汉语时间为 16 周。

（2）实验材料和程序

随机呈现的 21 个声母重复两遍，共 42 个音节。以"po"为例来说明实验材料呈现方式：首先出现指示符号"＋"，然后随机播放出一个声母，如"po"，被试就跟读刚听到的"po"，2000ms 之后，播放下一个声母。跟读的声母被录制在电脑中。

（3）实验设备

IBM 笔记本，Perfactchoice 立体声耳机，3.5mm Perfactchoice 麦克风，灵敏度：-58dB±3dB，阻抗：2.2kΩ，话筒距离发音人的嘴约 10～15cm。

（4）实验结果

使用 Praat 对 10 名被试的送气和不送气塞音的 VOT 逐一测量统计并将正确发音送气和不送气的 VOT 平均值列如下表：

表 3-9　墨西哥汉语习得者普通话塞音 VOT 均值（单位：ms）

塞音	b [p]	p [pʻ]	d [t]	t [tʻ]	g [k]	k [kʻ]
VOT	42	85	52	113	71	100

根据陈家猷等（2002）普通话的塞音和塞擦音 VOT 的平均值，可排出塞音和塞擦音的 VOT 长度的降级序列：送气塞擦音（c、ch、q 的 VOT 是 135ms）＞送气塞音（p、t、k 的 VOT 是 110ms）＞不送气塞擦

音（z、zh、j 的 VOT 是 50ms）>不送气塞音（b、d、g 的 VOT 是 15ms）。

墨西哥汉语习得者塞音的 VOT 的均值是：送气塞音（p、t、k 的 VOT 是 99.3ms）>不送气塞音（b、d、g 的 VOT 是 55ms）

墨西哥汉语习得者的送气塞音的 VOT 均值接近以汉语为母语的本族人的送气塞音的均值，但是墨西哥汉语习得者的不送气塞音的均值比以汉语为母语的本族人的不送气塞音的均值高三倍多。

从标记理论看，汉语中的送气音是有标记的，不送气音是无标记的，不送气音的习得应早于送气音。但这里显示却相反。而且这一结果与墨西哥汉语习得者感知送气和不送气音的优势序列恰好相反。

墨西哥汉语习得者普通话在不送气塞音的发音上，错误率大约占34%。主要错误有两种类型。第一种情况是把汉语的不送气塞音发为浊音，这是墨西哥习得者母语的负迁移，如"gē"，这种情况约占 23.3%。"bō"占 10%，"dē"占 6.7%，"gē"占 3.3%。如图 3 – 1。

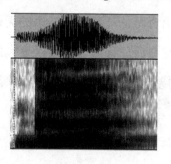

图 3 – 1　gē

第二种情况把汉语的不送气塞音发成清浊混合音，既有送气的乱纹，还有浊音横杠，只发现了"te"，如图 3 – 2。

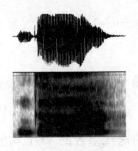

图3-2 dē

　　把汉语的不送气塞音发为清浊混合音，这是墨西哥汉语习得者母语的负迁移的表现，处于从母语向目标语的过渡状态。送气音在墨西哥汉语习得者的母语中是无标记的，送气音在汉语中是有标记的，不送气塞音是无标记的，在学习汉语100小时左右，大约有34%的不送气塞音会受到墨西哥汉语习得者母语的迁移影响。母语中的标记成分浊塞音的发音迁移到目标语中的无标记的不送气塞音上。从标记性与母语迁移之间的关系可得出如下规则：母语无标记，目标语有标记，中介语无标记。这一规则与类型学标记理论的迁移说一致，但是需补充的是，迁移方向是母语的有标记语音特征迁移到目标语的无标记语音成分上，在学习汉语语音100小时左右后迁移造成的错误率大约是34%。

　　（六）语言类型的差异与不同母语汉语习得者汉语送气和不送气音的感知差别

　　从语言类型学的标记理论看，汉语的送气音比不送气音标记性更强，因而送气音更难习得；而在清浊对立语言中的浊音比清音具有更强的标记性，因而浊音更难习得。中国大学生在感知送气和不送气塞音、塞擦音时，送气塞音、塞擦音的正确反应时间和错误率均高于不送气塞音、塞擦音的反应时间和错误率的情况具有语言类型学上的标记特征，送气音＞不送气音，即无标记＜有标记。

上面分别对以韩语、俄语和西班牙语为母语的汉语习得者汉语送气和不送气的实验结果，发现有标记语音成分的习得难于无标记成分的规律不是一成不变的。

以俄语为母语的汉语习得者汉语送气音的正确反应时间和错误率均高于不送气音，不送气音的习得先于送气音的习得，无标记成分易于标记成分，这符合类型学的预测。

学习汉语语音 20~30 小时的墨西哥初级汉语习得者汉语送气音的正确反应时间高于不送气音，这与类型学标记理论的预测正相反。但他们学习汉语 50~60 小时后却出现了不送气音的正确反应时间均高于送气音的情况，这一情况符合类型学标记理论的预测。

韩国汉语习得者的送气和不送气在左右耳的感知表现恰好相反，所以无法判断送气和不送气习得的趋势。

"Eckman 强调：结构一致性假说是一种中介语模式，但不一定是一种习得错误模式，它遵循标记性原理，但不注重学习者母语与目标语之间的差别"（刘东楼，2002）。但是从上面汉语送气和不送气音的感知测试可知：仅从标记强弱预测习得序列不注重学习者的母语是不可能有一个正确预测的。

由上面的分析可得出如下结论：

1. 以西语和俄语为母语的初级汉语习得者感知送气和不送气音的特征是：当母语是无标记成分，目标语是有标记成分时，中介语的感知从无标向有标发展，之后遵循标记理论习得的序列，无标记项＜有标记项。

2. 由韩语为母语的初级汉语习得者感知送气和不送气音可知：当母语是有标记成分，目标语是有标记成分时，中介语的感知是无标记。

3. 通过实验发现：感知与产出不对称，墨西哥汉语习得者感知和产出送气和不送气音的优势序列恰好相反。产出是送气音优于不送气音，感知是不送气音优于送气音。二语习得者发音的迁移方向是：母语的有标记语音特征迁移到目标语的无标记语音成分上，在学习汉语语音 100 小时左右，迁移造成的错误率大约是 34%。

4. 汉语送气和不送气识别的大脑左右半球特征：中国大学生识别送气和不送气塞音的反应时间显示：右耳（大脑左半球）是识别汉语送气和不送气塞音的优势脑，但塞音小类的送气和不送以及送气和不送气塞擦音却未显示出脑半球优势。学习汉语语音 50～60 小时的墨西哥汉语习得者送气塞擦音识别的优势脑半球是大脑右半球。

第三节　第二语言学习者"清""浊"辅音的感知

语音习得的研究从一开始就比较关注"语音对子"的习得，语音对子在不同类型的语言中具有音位对立的价值，以下研究观察第二语言学习者是如何感知目标语的"清""浊"辅音的。

一、墨西哥汉语习得者汉语"清""浊"音的感知

（一）引言

生理、行为和认知的研究已证明大脑两半球在处理语言信息时有不

同的分工，跨语言的研究也显示大脑在处理汉语的某些音素时会出现大脑偏侧化，在英语音素中，"闭塞音（/k，p，t，g，b，d/）会产生强烈的耳对称现象，而且从送气的角度（e.g.［p］vs.［b］）比从发音的部位（e.g.［b］vs.［g］）会产生相对的耳优势。""Cohen 和 Segalowitz（1990）在行为研究中也发现大脑两半球对于不同的言语特征有不同的敏感性。他们检验了言语声的特征并用多维标度方法分析出其与心理表征之间的关系，发现清浊在右半球有较强的表征，而发音部位在左半球有较强的表征。Cohen 和 Segalowitz（1990）研究了加拿大人在学习区分汉语的清浊和送气对立时大脑两半球的贡献，发现听者区分言语范畴的能力随听音次数的增加而提高。这种提高对于清浊对立在右半球出现较早；对于送气与否的对立，只有右耳有提高。他们认为，这一结果支持下述观点：在特征水平上，言语知觉机制在大脑两半球分布是不对称的"（杨玉芳，1990）。

对外汉语的语音教学一直是对外汉语教学的难点，第二语言习得者在习得汉语的过程中，经常会受到母语语音的影响，感知同化模型（PAM）认为非母语语音的性质决定了它们与母语的语音范畴（Phonological Category）同化的程度；而它们所能同化的程度又决定了学习者是否能够感知存在于两种语言间的语音差异。

西班牙语辅音［b］、［p］，［d］、［t］，［g］、［k］的"清""浊"对立是相同发音部位因清浊而形成的语音对子。而汉语的浊辅音没有相应的同部位清音对子。汉语普通话有四个浊音，即，浊擦音［r］、边音［l］、鼻音［m］、［n］，汉语的四个浊音没有相对应的清音。

本节通过双耳分听技术观察墨西哥汉语习得者在处理清、浊音时大脑两半球的分工情况。

（二）资料和方法

1. 实验对象

墨西哥奇瓦瓦自治大学孔子学院零起点班的 12 名，这些学生年龄在 20 ~ 27 岁，他们生活在奇瓦瓦，说西班牙语，会说英语，不过英语发音有明显的西班牙语风格，所有被试视力或矫正视力正常，听力正常，经爱丁堡利手调查表测试为右利手。这些学生在进行语音训练总学时约 100 小时左右进行普通话浊音的测试。

2. 实验材料

实验刺激材料是汉语四个浊音 [m]、[n]、[l]、[r] 以及同部位的四个清音 [b]、[d]、[g]、[sh]。四个浊音分别与 [ao]、[i]、[u] 三个元音组合成四组辅元阴平音节，即 [mao]、[mi]、[mu]；[nao]、[ni]、[nu]；[lao]、[li]、[lu]；[rao]、[ri]、[ru]；四个清音分别与 [ao]，[ei]，[u] 元音音节组合成四组辅元阴平音节，即 [bao]、[bei]、[bu]；[dao]、[dei]、[du]；[gao]、[gei]、[gu]；[shao]、[shei]、[shu]；音节的录音来自 "digmandarin 网站" 的女声，音节采样率 44100Hz，16bit 量化，单声道，用 cooleditpro2.0 标准化为 75dB，450ms，.wav 格式。普通话浊辅音 [m]、[n]、[l]、[r] 在声学上的区别特征是时长和三个共振峰，下面表 3 – 10 是实验语料中的 [m]、[n]、[l]、[r] 的声学特征。

表 3 - 10　实验材料中 m]、[n]、[l]、[r] 的声学特征

辅音	长度/ms	F1	F2	F3
[m]	75	267 - 251	820 - 807	1946 - 1877
[n]	64.4	276 - 258	687 - 588	1983 - 1923
[l]	78	345 - 351	1244 - 1193	1863 - 1835
[r]	53.2	267 - 279	985 - 1144	1878 - 2246

[b]、[d]、[g]、[sh] 的声学特征是 VOT 的值，下面是实验材料中 [b]、[d]、[g]、[sh] 的 VOT 值平均长度：

b [p]：28ms（6 ~ 13ms），d [t]：10.3ms（7 ~ 12ms），g [k]：26.3ms（30 ~ 24ms），sh [ʂ]：117ms（147 ~ 102ms）。

3. 实验程序

实验程序的编写借鉴了蔡厚德使用的 Passarotti 和 Banich 等的双耳分听刺激呈现范式，把呈现材料分为左右耳内匹配。

右左耳匹配		右左耳匹配	
右耳	左耳	右耳	左耳
白噪音	ba	ba	白噪音
ma	ba	ba	ma

每个清音或浊音音节出现在左耳内、右耳内各出现 24 次，清音或浊音音节出现在左耳、右耳各出现 24 × 4 = 96 次，另有 96 个填充项。

4. 实验设备和环境

Hp pavilion simline S5500la PC 台式机，20 寸宽屏液晶显示器，Perfactchioce 立体声头戴式耳机。实验是在奇瓦瓦自治大学孔子学院语音

实验室完成的。在实验时，首先在荧光屏出现英文的指导语，提示被试仔细听录音，屏幕上会出现一个"＋"，接着被试会听到一组三个音节，如果被试听到在三个音节中有两个音节是一样的，就按"same"键，如果三个音节都不一样，就按"no same"键，反应时间为3000ms，反应用手在被试间平衡。

5. 实验结果和分析

将实验结果列如下表 3 – 11。

表 3 – 11　普通话"清""浊"声母识别的平均正确反应时间（单位：ms）（M ± SD）

	清	浊
左耳	1545.69 ± 270.20	1574.99 ± 371.29
右耳	1543.38 ± 304.92	1468.47 ± 256.45

根据被试数量，采用 Wilcoxon 检验法检测表 3 – 11 左右耳识别汉语清浊辅音反应时间，清音的右耳（大脑左半球）所用反应时间短于左耳（大脑右半球），但差别不显著，$Z = -1.538$，$P = 0.135$；浊音的右耳（大脑左半球）所用反应时间短于左耳（大脑右半球），但差别不显著，$Z = -0.157$，$P = 0.903$。

（三）实验结果

右耳（大脑左半球）识别汉语清音或浊音所用反应时间短于左耳（大脑右半球），但差别不显著。

（四）讨论

本次实验表明墨西哥初级汉语习得者在学习汉语语音 100 小时左右之后，他们的左右耳识别汉语的清浊音是有差异的，但是差别不显著。

本次实验结果与前人对加拿大汉语习得者识别汉语清浊音实验所得结论差别较大。"Molfese（1978，1980）用 EEG 平均的 ERP 清浊特征产生右半球效应，而发音部位产生左半球效应。"Cohen 和 Segalowitz（1990）的行为研究结论表明"右耳善于辨别发音部位，左耳善于区分清浊。"他们研究加拿大的汉语习得者之后发现听者区分言语范畴的能力随听音次数的增加而提高，这种提高对于清浊对立在右半球出现较早。从汉族人对汉语辅音的测试表明："从知觉空间和结构指数分析可以认为，无论对于左耳还是右耳，区分清浊和送气的能力都比区分部位的能力强，两耳区分清浊和送气的准确性则无明显差异"（杨玉芳，1991）。

本节的实验结果与以下因素有关：一是西语、英语、汉语中清、浊音的声学特征的差别。二是由母语语音特征上的差别而影响到被试对目标语听感上的差异。

1. 西语、英语、汉语中清、浊音的声学特征的差别

本实验选择的两组语音材料中的四个汉语浊音［m］、［n］、［l］、［r］以及同部位的四个清音［b］、［d］、［g］、［sh］与西班牙语同部位的［m］、［n］、［l］、［r］以及［b］、［d］、［g］、［sh］相比在声学特征上有如下异同：西语中的［m］、［n］、［l］和汉语中的［m］、［n］、［l］发音部位和方法都一样，西语的［r］和汉语的［r］有差异，西语的［r］是个颤音。西语中的［b］、［d］、［g］是浊音，VOT < 0，西语中没有与汉语清音［sh］相对应的音，只有一个比较近似的［s］，汉语中的［b］、［d］、［g］、［sh］都是清音。

2. 由汉语习得者母语语音的差别而影响到对目标语的感知

在辅音的清、浊特征上，英语的浊音属于弱浊音，西班牙语浊音属

于强浊音，本研究的被试以西班牙为母语，他们对目标语汉语的浊音感知上与 Cohen 和 Segalowitz（1990）以英语为母语的被试对目标语汉语浊音感知上的差异可能与被试的母语有关。

（五）结论

学习汉语 100 小时左右的墨西哥汉语习得者，他们在识别汉语的清浊声母时，右耳（大脑左半球）更善于识别浊音，但未见显著的大脑偏侧化。

二、德语学习者德语"清""浊"塞音的感知特征①

（一）引言

汉语塞音 b ［p］、d ［t］、g ［k］和 p ［p'］、d ［t'］、k ［k'］是三对送气和不送气清辅音。清、浊不是汉语塞音的区别性特征。德语塞音是三对清、浊对立的辅音 ［p］和 ［b］、［t］和 ［d］以及 ［k］和 ［g］，且德语词尾的浊塞音 ［b］、［d］和 ［g］还要浊音清化（devoicing），如：Dieb ［diːp］, Band ［bant］, Tag ［taːk］等。汉语塞音的送气和不送气、德语塞音的清和浊各自都有区别意义的作用，如汉语的 ［pa⁵⁵］（爸）、［p'a⁵⁵］（啪），［ta⁵⁵］（大）、［t'a⁵⁵］（他），［ke⁵⁵］（哥）、［k'e⁵⁵］（颗）。德语的"loben ［loːbn］（赞扬，动词）、lob ［loːp］（赞扬，名词），hände ［h'nd\\］（手，复数）、hand ［hant］（手）。（Féry、C. Final, 2003）"等。以汉语为母语的德语学习

---

① 本节的部分内容以《初级德语学习者德语清、浊塞音的感知特征》为题发表于《中国听力语言康复科学杂志》2020 年第 1 期。

者较好地感知塞音是正确理解德语语义的途径之一。以往的第二语言习得研究表明，"第二语言语音感知和产出的质量依赖于第二语言和第一语言的相似度"（Best Catherine T，1994；Best Catherine T、Gerald W. McRoberts etc，2001；Flege James，1991；Flege James，1995）。汉语塞音与德语塞音是一组相似音。对印欧语系语言语音感知的研究表明："二语习得者可能会以母语的方式感知一个音素从而影响到该语音产出的正确性"（Flege James，1991）。

以德语为母语者对德语和英语词尾相似清音和浊音清化音如"rat［ra：t］（劝告），rad［ra：t］（轮，车轮）（Smith B L，Hayesharb R，Bruss M，et al. 2009）"的产出和感知都受到他们母语的影响。

对以汉语为母语的初、中和高级德语学习者德语音节尾辅音发音的声学分析发现，"中国学生在说德语时，一方面通常用不送气塞音代替浊塞音，另一方面通常在发清塞音时送气太强"（丁红卫，2014）。而且"中国学生清音送气程度远远大于德语本族人"（丁红卫，2014）。这也是初、中和高级德语学习者受汉语塞音影响的结果。

目前虽未查到以汉语为母语的德语学习者德语塞音感知的研究报告，但英语学习者对英语词尾塞音感知的研究给了一些有益的启发。对台湾和大陆的英语学习者研究发现："同样是没有语言经验而且在成年后才开始学习英语的大陆和台湾英语学习者（late learners），台湾汉语因为有词尾/p、t、k/，但是没有/b、d、g/，大陆汉语没有任何形式的阻塞结尾的词"（Flege J. E，1993）。"台湾的英语学习者要比大陆的英语学习者可能会分配给英语词尾更多的注意力。因为台湾和大陆汉语音节结尾中的辅音的范围不同，因此台湾英语学习者可以更多地提取出词尾的［t］—［d］区别的感知线索"（Flege J. E、Wang C, 1989）。

基于标记理论的研究表明："母语为亚洲语言的英语学习者在习得英语清、浊音中，标记性更强的浊阻塞音（音丛或单音）比标记性弱的清阻塞音要难得多。对不同位置上阻塞音相对难度的研究也支持该假设的预测，即词尾比起词首清浊阻塞音标记性更强，因而习得难度更大"（张铭涧，2012）。德语中的清浊对立的塞音，浊音属于有标记项，清音属无标记项，末尾的浊音清化音具有更强的标记性。目前的标记理论认为有标记的语言成分比无标记的语言成分更难习得，下面的实验也将验证该假设。

本节将通过双耳分听技术测试无德语经验的中国大学生、初级德语学习者和初级后德语学习者感知德语音节首、尾塞音的情况。本节所说的初级德语学习者是在大学阶段才开始学习德语的，属于成年语言学习者（late learners）。在学习德语之前，他们已经学习英语约6~8年，高考的外语应试语种是英语，德语属于他们习得的第三语言，而且一些德语学习者来自方言区，他们在家庭成员间的日常交际中还在使用自己的方言，所以德语的习得还可能受到学习者自己方言的影响，由此本文提出以下三个假设：

假设一：初级德语学习者德语清、浊塞音的感知会受到英语、汉语语音和自己方言的影响而且还有程度上的差异。

假设二：初级德语学习者的大脑左右半球在感知德语清、浊塞音时是不对称的。

假设三：中国大学德语习得者清浊辅音的感知的优势顺序是：词首清音＜词首浊音＜词末浊音清化音。

假设一拟通过语音感知实验讨论以下两个问题来验证。

（1）德语词首的清、浊塞音的感知差异。

（2）德语词尾的浊音清化音和词首浊音的感知差异。

假设二通过以下的测试来验证。

（3）初级德语学习者在感知德语清、浊塞音时大脑左右半球的差异。

假设三基于上面的（1）—（3）实现。

下文是无德语经验的中国大学生、初级德语学习者感知德语音节首、尾塞音的情况；最后一部分是初级后德语学习者感知德语音节首、尾塞音的情况。

（二）资料和方法

1. 实验对象

以非随机任意抽样法抽取两组实验对象，第一组是以汉语为母语，无任何德语基础的 28 名大学生，平均年龄 23 岁。第二组是以汉语为母语，德语基础为零并且学习德语 16 周的 21 名德语系学生，平均年龄 18 岁，英语高考成绩除两名外，其余最低分 121，最高分 146，德语是第三语言。所有被试视力或矫正视力正常，听力正常，经李心天中国人左右利手调查表测试为右利手。

2. 实验材料和实验程序

六组清浊塞音［b］和［p］，［d］和［t］以及［g］和［k］分布于词首和词尾的德语单词。第一类是被测塞音音素分布于词首，如：packen－backen、tage－dame、kate－gatte 等，第一类实验材料测试德语词首清、浊对立塞音的感知。第二类是被测塞音、浊音、清化音分布于词尾，浊音分布于最后一个音节中，这个浊音和元音拼合，是词中，不能算词尾，为和词尾的浊音清化音比较，就把这两种分布放在一起，为便于表述，下文把这种情况一律称为词尾。如：naab–nabe、bad–baden、tag–tage。第二类实验材料测试德语词尾浊音清化塞音和浊塞音的感知。第一类德语词首清浊对立音素 VOT 的平均值是：［b］：−9ms，［p］：41ms；［d］：−34.6ms，［t］：50.3ms；［g］：−31.1ms，［k］：40.9ms。第二类德语词尾浊音清化音、浊音对立音素 VOT 的平均值是：［b］：−12.8ms，［p］：40ms，［d］：−16.5ms，［t］：7ms；［g］：−18.1ms，［k］：14.7ms。启动音素的 VOT 时长取首尾平均值：［b］：−11ms，［p］：40ms；［d］：−26ms，［t］：30ms；［g］：−25ms，［k］：30ms。这些单词和音素的录音来自庄慧丽，穆兰《德语语音》(2015)，每个单词格式化为 .wav 格式，44100Hz，16bit 量化，单声道，用 cooleditpro2.0 标准化为 75dB，根据单词的音节结构和平均音长的测算以及听感的自然度，测试单词是 CVCVC 结构的标准化为 400ms，CVC 结构的标准化为 300ms。

实验程序借鉴 Passarotti 和 Banich 等以及蔡厚德，徐艳（2007）的双耳分听刺激呈现范式，把呈现材料按下列情况匹配。

右耳左耳匹配		右耳左耳匹配	
右耳	左耳	右耳	左耳
白噪音	packen／［p］	packen／［p］	白噪音
白噪音	［p］／packen	［p］／packen	白噪音

每个分布位置测试单词 5 个（4 个单词和 1 个辅元组合）。塞音音素和单词出现的顺序为先、后两种，每个单词出现在左耳或右耳各 2

次，每个测试单词出现在左耳或右耳共 20 次，每个塞音分别分前、后位置和分匹配和不匹配两种类型共 80 个测试对，另有 80 个填充测试对。6 个塞音有 480 个测试对，480 个填充对。

3. 实验过程

以测试德语清、浊塞音"［p］、［b］"为例说明实验过程。德语清、浊塞音实验材料因左、右反应用手的不同分为两组实验材料。实验时，首先会在屏幕中央出现一个注视点"＋"作为提醒被试注意听音的符号，注视点"＋"消失后，接着在左耳和右耳同时出现一个白噪音和一个塞音音素，如"［p］"，1000ms 之后，在左耳和右耳同时出现的一个"白噪音"和一个德语单词，如："packen"，塞音音素和德语单词呈现于左耳或右耳同一侧。白噪音和塞音音素或单词同长，之后有 1500ms 的判断时间，让被试判断听到单词的词首或词尾与塞音音素是否一样，如果一样，按键盘上的"F"，不一样，按键盘上的"J"。三对清、浊测试组以反应用手和音素类别的不同用拉丁方的方式排列分为六个 block，每个 block 之间可自由休息。

4. 实验设备

联想台式计算机，15 寸液晶显示器，立体声头戴式耳机。

5. 实验设计

（1）类别（清、浊）×耳（左耳、右耳）×手（左手、右手）。（2）位置（前、后）×耳（左耳、右耳）×手（左手、右手）。上面两个实验设计是三因素二水平被试内重复测量设计。

6. 统计学方法

使用 SPSS 13.0 对初级德语习得者识别清、浊音错误率进行重复测量方差分析（MANOVAs）统计分析，以 $P < 0.05$ 表示差异具有显著性。

（三）实验结果和分析

无德语经验的中国大学生德语清浊音识别的平均错误率列如表3－12，初级德语学习者德语清、浊塞音感知测试的错误率列如表3－13。错误率是一个清音或浊音的错误数除以一对清浊对子的测试单词数在左右耳的总数。

表3－12　无德语经验中国大学生德语清浊音识别的平均错误率（单位:%）（M±SD）

塞音	反应手	词首		词尾	
		左耳	右耳	左耳	右耳
[b]	左手	7.73±5.72	7.95±6.36	8.71±5.97	7.19±6.12
	右手	9.47±6.44	10.23±6.39	10.56±5.42	8.60±6.15
[p]	左手	11.65±7.18	14.27±6.71	18.95±4.91	18.84±4.77
	右手	13.72±7.15	14.59±6.23	19.49±3.37	20.26±3.49
[d]	左手	9.76±5.99	9.03±5.06	12.07±5.67	10.29±5.39
	右手	10.39±6.95	11.03±6.68	10.50±5.62	11.24±6.15
[t]	左手	8.29±7.34	8.19±5.39	9.35±5.94	9.24±4.92
	右手	8.40±6.28	6.93±6.41	9.35±5.99	7.87±6.4
[g]	左手	15.23±5.19	14.60±5.39	10.08±5.57	8.82±6.30
	右手	15.33±4.48	14.92±4.15	9.87±5.89	9.87±6.51
[k]	左手	11.03±7.19	12.18±6.19	13.45±4.56	13.03±5.15
	右手	11.02±6.23	11.87±5.91	15.55±5.18	14.18±4.87

表 3 – 13　初级德语学习者德语清、浊塞音感知反应错误率（单位：%）（M ± SD）

塞音	反应手	词首		词尾	
		左耳	右耳	左耳	右耳
[b]	左手	8. 82 ± 5. 96	10. 50 ± 6. 28	9. 66 ± 6. 11	8. 96 ± 6. 48
	右手	6. 16 ± 4. 91	6. 86 ± 5. 03	6. 72 ± 6. 18	6. 16 ± 5. 0
[p]	左手	9. 80 ± 6. 98	9. 80 ± 5. 61	17. 79 ± 5. 98	17. 37 ± 6. 23
	右手	7. 42 ± 6. 35	8. 12 ± 4. 64	12. 75 ± 8. 39	14. 57 ± 6. 27
[d]	左手	11. 48 ± 7. 55	12. 89 ± 4. 96	10. 64 ± 6. 67	10. 78 ± 6. 47
	右手	10. 08 ± 5. 99	9. 94 ± 6. 27	10. 22 ± 5. 85	8. 96 ± 7. 41
[t]	左手	8. 96 ± 7. 53	8. 68 ± 6. 34	12. 04 ± 7. 02	21. 2 ± 11. 69
	右手	7. 98 ± 6. 52	7. 84 ± 6. 33	10. 64 ± 7. 75	18. 63 ± 3. 29
[g]	左手	17. 09 ± 5. 55	17. 51 ± 5. 62	14. 15 ± 8. 50	13. 73 ± 8. 49
	右手	14. 85 ± 5. 13	16. 53 ± 4. 10	12. 75 ± 7. 28	13. 59 ± 7. 35
[k]	左手	14. 43 ± 7. 94	13. 17 ± 9. 24	17. 23 ± 6. 26	17. 65 ± 5. 66
	右手	13. 45 ± 7. 76	12. 18 ± 7. 22	16. 24 ± 6. 49	15. 13 ± 5. 60

1. 无德语语言经验的中国大学生对德语清、浊塞音的感知

对表 3 – 12 进行统计，观察无德语经验的中国大学生对德语词首、词尾清、浊塞音识别。

（1）类别 × 双耳 × 双手

①词首塞音音素的识别：

[b]、[p] 识别的类别主效应显著，[p] 的错误率高于 [b]，$F_{(1. 27)} = 40. 45$，$P = 0. 000 < 0. 05$。双耳主效应不显著，$F_{(1. 27)} = 2. 56$，$P = 0. 122$。双手主效应显著，左手作为反应手时，[b]、[p] 识别的错误率显著低于右手作为反应手时的错误率，$F_{(1. 27)} = 6. 74$，P

=0.015 < 0.05。双耳和双手，双耳和类别，双手和类别的交互作用不显著，$F < 1$。双耳、双手和类别的交互作用不显著，$F_{(1.27)} = 1.292$，$P = 0.266$。

[d]、[t] 识别的类型主效应显著，[d] 的错误率高于 [t]，$F_{(1.27)} = 8.578$，$P = 0.007 < 0.05$。双耳主效应不显著，$F_{(1.27)} = 2.56$，$P = 0.122$。双手主效应不显著，$F < 1$。双耳和双手，双耳和类别交互作用不显著，$F < 1$。双手和类别的交互作用不显著，$F_{(1.27)} = 3.494$，$P = 0.072$。双耳、双手和类别的交互作用不显著，$F_{(1.27)} = 2.145$，$P = 0.155$。

[g]、[k] 识别的类别主效应显著，[g] 的错误率高于 [k]，$F_{(1.27)} = 14.106$，$P = 0.001$。双耳主效应不显著，$F < 1$。双耳和类别的交互作用不显著，$F_{(1.27)} = 2.365$，$P = 0.136$。双耳、双手主效应不显著，$F < 1$。双耳和双手交互作用不显著，双手和类别，双耳、双手和类型的交互作用不显著，$F < 1$。

②词尾塞音音素的识别：

[b]、[p] 识别的类别主效应显著，[p] 的错误率显著高于 [b] 的错误率，$F_{(1.27)} = 127.51$，$P = 0.00 < 0.05$。双耳主效应不显著，$F < 1$。双手主效应显著，左手作为反应手，其错误率显著低于右手作为反应手的错误率，$F_{(1.27)} = 4.82$，$P = 0.037 < 0.05$。双耳和类别的交互作用显著，$F_{(1.27)} = 4.689$，$P = 0.04 < 0.05$。双耳和双手，双手和类别的交互作用不显著，$F < 1$，双耳、双手和类别的交互作用不显著，$F < 1$。

[d]、[t] 识别的类别主效应显著，[d] 的错误率高于 [t]，F

（1.27）＝11.527，$P = 0.002 < 0.05$。双耳主效应不显著，F（1.27）＝1.915，$P = 0.178$。双手主效应不显著，$F < 1$。双耳和双手，双耳和类别，双手和类别交互作用不显著，$F < 1$。双耳、双手和类型的交互作用显著，F（1.27）＝9.699，$P = 0.004$。

[g]、[k] 识别的类型主效应显著，[k] 的错误率高于 [g]，F（1.27）＝26.76，$P = 0.000$。双耳主效应不显著，F（1.27）＝2.677，$P = 0.113$。双手主效应不显著，F（1.27）＝2.161，$P = 0.153$。双手和类型的交互作用不显著，F（1.27）＝1.645，$P = 0.211$。双手、双耳和类别的交互作用不显著，$F < 1$。

（2）位置×双耳×双手

[b] 识别的位置主效应不显著，$F < 1$。双耳主效应不显著，F（1.27）＝1.425，$P = 0.243$。双手主效应显著，左手作为反应手，其错误率显著低于右手作为反应手的错误率，F（1.27）＝5.82，$P = 0.023 < 0.05$。双耳和类别的交互作用显著，F（1.27）＝5.079，$P = 0.033$。

双耳和双手，双手和类别的交互作用不显著，$F < 1$，双耳、双手和类别的交互作用不显著，$F < 1$。

[p] 识别的位置主效应差别显著，词尾的 [p] 错误率显著高于位于词首的 [p]，F（1.27）＝35.228，$P = 0.000 < 0.05$。双手主效应显著，左手作为反应手，其错误率显著低于右手作为反应手的错误率，F（1.27）＝4.273，$P = 0.049 < 0.05$。双耳主效应不显著，F（1.27）＝2.201，$P = 0.15$。双耳和类别的交互作用不显著，F（1.27）＝1.17，$P = 0.289$。双耳和双手，双手和类别的交互作用不显著，$F < 1$。耳、手和类型的交互作用不显著，F（1.27）＝2.447，$P = 0.13$。

[d] 识别的位置主效应接近显著水平，$F(1.27)=3.437$，$P=0.075$。双耳和双手交互作用显著，$F(1.27)=4.582$，$P=0.041$。双手和位置交互作用不显著，$F(1.27)=2.613$，$P=0.118$。双耳，双手主效应不显著，$F<1$。双耳和位置，双耳、双手和位置的交互作用不显著，$F<1$。

[t] 识别的位置主效应接近显著水平，$F(1.27)=3.779$，$P=0.062$。双耳主效应不显著，$F(1.27)=3.446$，$P=0.074$。双手主效应不显著，$F(1.27)=1.188$，$P=0.285$。双耳和双手交互作用不显著，$F(1.27)=1.647$，$P=0.21$。双手和位置交互作用不显著，双耳和位置交互作用不显著，双耳、双手和类别的交互作用不显著，$F<1$。

[g] 识别的位置主效应呈显著水平，$F(1.27)=51.467$，$P=0.000$。双耳主效应不显著，$F(1.27)=1.386$，$P=0.249$。双手主效应不显著，双耳和位置交互作用不显著，双手和位置交互作用不显著，双耳、双手和位置的交互作用不显著，$F<1$。双耳和双手交互作用不显著，$F(1.27)=1.056$，$P=0.313$。

[k] 识别的位置主效应呈显著水平，$F(1.27)=8.192$，$P=0.008$。双耳主效应不显著，$F<1$。双耳和位置交互作用接近显著水平，$F(1.27)=3.958$，$P=0.057$。双手和位置接近显著水平，$F(1.27)=3.658$，$P=0.066$。双手主效应不显著，$F(1.27)=1.336$，$P=0.258$。双耳和双手的交互作用，双耳、双手和位置的交互作用不显著，$F<1$。

由以上统计可得出如下无德语经验中国大学生识别陌生语言德语中塞音的识别结果：

（1）德语清、浊类型识别的差别是：①词首清音或词尾浊音清化塞音［p］识别的错误率显著高于同位置的浊塞音［b］。②词尾清化音［k］识别的错误率显著高于同位置的浊塞音［g］，词首浊塞音［g］识别的错误率显著高于同位置清塞音［k］识别的错误率。③词首或词尾的浊塞音［d］识别的错误率都显著高于同位置的清化塞音［t］。④左手作为反应手时，词首或词尾清浊塞音［b］、［p］识别的错误率显著低于右手作为反应手时的错误率。

（2）位置差异：①词首的清塞音［p］错误率显著低于词尾的清化音［p］，词尾浊音［g］识别的错误率显著地低于词首浊音［g］，词首清塞音［k］识别的错误率显著地低于词尾的清化音［k］。②［d］和［t］感知的错误率接近显著水平。③左手作为反应手时，识别［b］或［p］时的错误率显著低于右手作为反应手的错误率。

（3）无论识别词首还是词尾的德语清浊音均未见明显的大脑偏侧化现象。

2. 初级德语学习者德语清浊音的感知特征

下面对表3-13的数据进行统计分析，借此以观察初级德语学习者德语清、浊塞音感知上的差别。

（1）类别（清、浊）×双耳（左、右）×双手（左、右）

①词首塞音音素的识别：

［b］、［p］识别的双手主效应显著，右手作为反应手，其错误率显著低于左手作为反应手的错误率，$F_{(1.20)} = 13.54$，$P = 0.001 < 0.05$。双耳主效应不显著，类别主效应不显著，$F < 1$。

［d］、［t］识别的类别主效应显著，$F_{(1.20)} = 16.26$，$P = 0.001 < 0.05$，［d］的错误率显著高于［t］的错误率。双手主效不显著。双

耳主效应不显著，$F < 1$。

[g]、[k] 识别的类别效应接近显著水平，$F(1.20) = 9.38$，$P = 0.06$。类别和双耳的交互作用显著，$F(1.20) = 7.45$，$P = 0.013 < 0.05$。简单效应检测显示：左耳（大脑右半球）感知 [g] 的错误率显著高于 [k]，$F(1.20) = 4.08$，$P = 0.05$。双手主效应不显著，双耳主效应不显著，$F < 1$。

②词尾塞音音素的识别：

[b]、[p] 识别的类别主效应显著，浊音清化音 [p] 的错误率显著高于 [b] 的错误率，$F(1.20) = 81.42$，$P = 0.00 < 0.05$。双手主效应显著，右手作为反应手，其错误率显著低于左手作为反应手的错误率。$F(1.20) = 32.36$，$P = 0.00 < 0.05$。双耳主效应不显著，$F < 1$。

[d]、[t] 识别的类别主效应显著，浊音清化音 [t] 感知的错误率显著高于 [d] 的错误率，$F(1.20) = 33.10$，$P = 0.00 < 0.05$。双耳主效应显著，$F(1.20) = 23.27$，$P = 0.00 < 0.05$。双耳和类别的主效应交互作用显著，$F(1.20) = 53.44$，$P = 0.00 < 0.05$。简单效应检测显示：右耳（大脑右半球）感知 [d] 的错误率显著高于 [t]，$F(1.20) = 4.12$，$P = 0.05$。双手主效不显著，$F < 1$。

[g]、[k] 识别的类别主效应显著，$F(1.20) = 10.49$，$P = 0.004 < 0.05$，浊音清化音 [k] 感知的错误率显著高于 [g]。双手主效应接近于显著水平，右手作为反应手，其错误率显著低于左手作为反应手的错误率，$F(1.20) = 4.14$，$P = 0.05$。双耳主效应不显著，$F < 1$。

由以上的统计可得出如下德语清、浊塞音识别的结果：

（1）识别词尾浊音清化塞音 [p]、[t]、[k] 的错误率高于词尾浊塞音［b］、［d］、［g］。

（2）词首浊塞音［d］识别的错误率显著地高于词首清塞音［t］。

（3）右耳（大脑左半球）感知词尾的浊塞音［d］的错误率高于词尾的浊音清化音［t］，左耳（大脑右半球）感知词首浊塞音［g］的错误率显著高于词首清塞音［k］感知的错误率。

（4）识别词首或词尾的［b］、［p］、［g］、［k］的优势反应用手是右手。

（2）位置（前、后）×双耳（左、右）×双手（左、右）

①［b］识别的双手主效应显著，右手作为反应用手，其错误率显著低于左手作为反应用手的错误率。$F（1.20）= 16.54$，$P = 0.001 < 0.05$。双耳主效应不显著，位置主效应不显著，$F < 1$。

②［p］识别的位置主效应差别显著，词尾清化音［p］的错误率显著高于位于词首的［p］，$F（1.20）= 26.57$，$P = 0.001 < 0.05$。双手主效应显著，右手作为反应用手，其错误率显著低于左手作为反应用手的错误率，$F（1.20）= 26.57$，$P = 0.001 < 0.05$。双耳主效应不显著，$F < 1$。

③［d］识别的双手主效应不显著，双耳主效应不显著，双耳主效应不显著，位置主效不显著，$F < 1$。

④［t］识别的位置主效应显著，$F（1.20）= 51.13$，$P = 0.00 < 0.05$。双耳主效应显著，$F（1.20）= 30.59$ $P = 0.00 < 0.05$，双耳和位置交互作用显著，进一步简单检测显示，左耳感知词尾［t］的错误率显著低于右耳感知词尾的［t］，$F（1.20）= 46.69$，$P = 0.00 < 0.05$。

⑤［k］识别的位置主效应显著，词尾清化音［k］识别的错误率

显著高于词首［k］的错误率，$F (1.20) = 7.99$，$P = 0.01 < 0.05$。双手主效应显著，右手作为反应手，其错误率显著低于左手作为反应手的错误率，$F (1.20) = 4.79$，$P = 0.041 < 0.05$。双耳主效应不显著，$F < 1$。

⑥［g］识别的位置主效显著，词首［g］识别的错误率显著高于词尾［g］的错误率，$F (1.20) = 5.95$，$P = 0.024 < 0.05$。双手主效应不显著，双耳主效应不显著，$F < 1$。

由以上的统计可得出如下德语词首、词尾清、浊音的识别特征：

（1）词尾的浊音清音化［p］、［k］的错误率显著高于词首的清塞音［p］、［k］。

（2）词首的浊音［g］识别的错误率显著高于词尾浊音［g］的错误率。

（3）左耳（大脑右半球）感知词尾浊音清化音［t］的错误率显著低于右耳（大脑左半球）感知词尾的浊音清化音［t］。

（4）识别［b］、［p］、［k］时的反应用手右手是优势手。

由以上德语清、浊塞音"类别"和"位置"的统计可得出如下结论：

（1）初级德语学习者德语清、浊塞音的感知特征

①词尾浊音清化音［p］、［k］感知的错误率显著高于词首清音［p］、［k］。②词尾的浊音清化音感知的错误率显著高于词尾浊音的感知错误率。③词首和词尾两个位置上清浊音的感知有小类差别：A. 词首浊音［d］感知的错误率显著高于词首清音［t］感知的错误率。B. 词首浊音［g］感知的错误率显著高于词尾浊音［g］感知的错误率。

（2）初级德语学习者德语清、浊塞音感知的大脑左右优势脑半球

词尾 [t] 感知的优势脑半球是大脑左半球，大脑右半球是感知词首 [k] 的优势脑半球。

（3）初级德语学习者德语清、浊塞音感知的反应用手

识别 [b]、[p]、[k] 时，右手是优势反应手。

3. 无德语经验和初级德语学习者识别德语清、浊塞音的差别

由上文统计分析可知：初级德语学习者德语清、浊音感知能力发展的轨迹是：（1）与无德语经验的大学生相比，初级德语学习者词首或词尾清、浊塞音感知上有差异的小类在减少，词首或词尾的同一清、浊音感知上有差异的小类也在减少。（2）无德语语言经验的中国大学生无论识别词首还是词尾的德语清浊音均未见明显的大脑偏侧化现象。初级德语学习者在处理某一德语清、浊塞音时出现了大脑半球侧化和优势反应手现象。

（四）讨论

根据上面第三小节统计分析结果，讨论引言中提出的假设。

1. 初级德语学习者清浊辅音的感知特征及对其影响的因素分析

（1）普通话的影响

德语清、浊塞音感知特征与汉、英、德三者的音节结构及其组成成分的差异有关，汉语普通话的 CVC 音节结构的末尾音素是以鼻辅音结尾，普通话中有塞音 [p]、[t]、[k] 和 [p‘]、[t‘]、[k‘] 分布于音节首而没有分布于音节尾的情况。在英语的 CVC 结构中，英语清、浊对立的三组塞音 [b]、[p]，[d]、[t]，[g]、[k] 可分布在词首或词尾，如：pen、cap。初级德语习得者对汉语、英语和德语语音的熟悉度

有以下等级序列：汉语 > 英语 > 德语。汉族人对词首的"清音"更为熟悉，词首清音的感知更容易。在清塞音中，送气比不送气更容易感知，如：从汉族老年人的语言蚀失看，老年人的送气清音比不送气清塞音感知得更好，不送气音蚀失得更早，例如，汉族老年人常常把"姜"感知为"香"。由此可推论初级德语学习者在感知德语三组清、浊塞音时的感知特征①"词尾浊音清化音［p］、［k］的错误率显著高于词首清音［p］、［k］"受到了初级德语习得者母语普通话音节中清音的影响。德语清、浊塞音的感知特征②"词尾浊音清化音感知的错误率显著高于词尾浊音"是初级德语学习者构建德语词尾浊音清化音音节规则时的表现。在英语的 CVC 结构中，清、浊塞音位置都可分布在音节首或尾，我们近期的另一项实验表明感知英语音节末尾的清、浊塞音，大体上清塞音［k］和［t］反应时间短于浊塞音［g］和［d］，而［p］、［b］差别不太大，［p］、［b］差别不大是由人类语言语音的普遍特征决定，［p］、［b］是人类最早学会的两个音素，也是最容易发的两个音。如果说感知特征②受到英语清、浊塞音影响的话，应该是德语"词尾的浊音清化音错误率"低于"词尾浊音"，这样才符合语音迁移的特征。如果说感知特征②受到普通话塞音的影响，测试结果也应该是"词尾的浊音清化音错误率"低于"词尾浊音"。已有的研究表明，"如果在自己的母语中没有［t］、［d］处于词尾，第二语言成年英语习得者会把第二语言中的辅音看作是新的辅音，并需掌握英语词末的［t］、［d］对应的规律"（Flege J. E，1993）。由此可以推论德语清、浊塞音感知特征②是初级德语习得者在构建德语词尾的浊音清化音音节规则过程中的表现。感知特征③"词首和词尾两个位置上清浊音的识别有小类差别"，这是处于初级阶段德语习得者对不同位置的德语清、浊音素识别难易度上所显示出的特征。

（2）方言的影响

在引言中已经介绍了 Flege、Wang（1989）的观点："台湾和大陆汉语音节结尾中的辅音的范围不同，因此台湾英语学习者可以更多地提取出词尾的［t］—［d］区别的感知线索。"但"大陆汉语没有任何形式的阻塞结尾的词。"这仅仅只能是就普通话说，事实上他们并没有从整体上考虑汉语方言。下面观察来自方言区中有阻塞韵尾的初级德语学习者德语清、浊塞音的感知特征。汉语方言中有"–p，–t，–k"等入声，属阻塞韵尾。"保留入声的方言也超过了四分之一数，主要集中在晋陕官话、江淮官话和部分西南官话。南方方言中，粤语、闽语、吴语、客家话入声都保留得比较好"（项梦冰，2014）。来自有入声的方言区学生在感知德语浊塞音、浊音清化塞音时也许有更大的优势。在21名被试中，9名属北京籍，无方言背景，所有交际场合仅使用北京话。12名来自方言区，其中8名来自方言中有入声或有塞音韵尾的方言区，1名西藏，1名来自新疆，1名吴语区，2名江淮官话区，1名粤语区，2名闽语区。藏语的辅音韵尾有：［m］、［ŋ］、［ʔ］、［p］、［k］，下面表3–14是这8名来自入声或有塞音韵尾的方言区的被试和9名北京籍的被试对德语清、浊塞音［p］、［b］的感知结果。

表 3 – 14 北京籍和入声方言区德语习得者德语清浊音识别的

平均错误率：（单位：%）（M ± SD）

塞音	反应手	词首		词尾	
		左耳	右耳	左耳	右耳
[b]	左手	10. 18 ± 6. 30 6. 61 ± 4. 90	11. 99 ± 6. 94 8. 08 ± 4. 37	12. 09 ± 6. 64 9. 92 ± 5. 86	11. 76 ± 7. 78 9. 19 ± 6. 37
	右手	5. 88 ± 3. 60 6. 61 + 6. 43	7. 51 ± 4. 22 6. 98 ± 6. 47	8. 82 ± 7. 49 5. 51 ± 6. 56	8. 82 ± 4. 41 5. 88 ± 5. 44
[p]	左手	9. 50 ± 7. 70 10. 29 ± 6. 08	10. 18 ± 6. 42 9. 19 ± 4. 28	18. 30 ± 6. 02 18. 01 ± 6. 17	18. 30 ± 6. 86 18. 38 ± 4. 65
	右手	7. 69 ± 6. 63 6. 98 ± 6. 27	9. 15 ± 4. 75 8. 08 ± 4. 65	14. 05 ± 8. 91 13. 97 ± 7. 16	16. 66 ± 6. 73 13. 97 ± 5. 61

注：上表数据中，阴影的数据是 8 位方言区的德语习得者的数据，无阴影的是北京籍德语习得者的数据。本文仅统计德语塞音 [b]、[p]。

从上表可知，来自入声方言区的德语习得者德语清、浊音识别的平均错误率总体略低于北京籍的德语习得者，但统计结果未达到显著差异水平，而且还发现 21 名德语习得者还存在个体的差异，其中错误率最低的几名同学中有一名来自东北，一名来自陕西，一名来自北京，前两名同学的方言和后一名同学的北京方言的音节中无阻塞音结尾。由此可推论这可能与初级德语学习者个体对外语音节感知的敏感度等因素有关。

由上面"普通话"和"方言"对德语习得者感知的影响分析可知，引言中的假设一成立，汉族德语习得者德语清浊塞音的感知要受到英语、汉语普通话、汉语方言的影响而且还有程度上的差异。

2. 初级德语习得者清浊塞音感知的大脑偏侧化以及左右反应用手特征

由前面的结论可知，无德语经验的中国大学生显示出大脑两半球联合加工德语"清""浊"音。根据大脑偏侧化理论，"对于加工需求较高时，两半球联合加工"（Belger A、Banich M T，1998）。初级德语学习者在感知某一清、浊音出现大脑半球侧化，说明经过 16 周的学习，初级德语学习者德语的语音感知难度在降低，所以呈现出上面所说的除清音［t］、［k］外，德语的清、浊音感知无明显的脑半球优势效应。实验研究表明：右耳（大脑左半球）感知词尾［d］的错误率显著高于词尾的［t］；左耳（大脑右半球）感知词首［g］的错误率显著高于词首的［k］；词尾［t］感知的优势脑半球是大脑左半球，词首［k］感知的优势脑半球是大脑右半球，这表明初级德语习得者在感知德语清、浊塞音及其小类上有不同的处理机制。由此可知，假设二成立，初级德语习得者德语清浊塞音的感知在大脑左右半球是不对称的，而且还有小类的差别。

下面进一步讨论与感知的反应用手有关的问题。左右反应用手的优势化也是在初级德语学习者的感知测试中出现的。而且优势用手和非优势用手与德语塞音的小类不对应，由此可知，初级德语学习者［b］、［p］、［k］的优势反应手与德语塞音感知难度以及由此有带来的注意力的分配有关。

（五）初级后德语学习者清、浊塞音感知的特点

为观察德语学习者德语清、浊塞音语音发展的过程，我们在上文所

说的德语零起点的初级德语学习者在学习德语 16 周测试结束后，这些学生又学习德语 34 周（在校时学习周），自然时间是在第一次测试时间间隔 12 个月之后，我们使用与上文第二节第 2 小节相同的实验材料、相同的实验程序、相同的实验设计和相同的实验设备对其中的 18 名学生又做了测听。实验结果列如下表 3 – 15：

表 3 – 15　初级后德语学习者德语清、浊塞音感知反应错误率（单位：%）（M ± SD）

塞音	反应手	词首		词尾	
		左耳	右耳	左耳	右耳
[b]	左手	7.95 ± 5.59	8.57 ± 5.46	9.37 ± 7.72	9.89 ± 6.54
	右手	6.19 ± 5.02	7.62 ± 5.96	8.85 ± 5.16	8.68 ± 5.83
[p]	左手	8.25 ± 6.42	9.20 ± 6.39	18.22 ± 5.99	16.66 ± 8.50
	右手	8.73 ± 6.31	7.30 ± 5.38	17.88 ± 6.59	17.53 ± 5.98
[d]	左手	10.95 ± 5.98	9.68 ± 6.05	11.45 ± 6.77	11.28 ± 7.12
	右手	7.94 ± 5.05	7.94 ± 5.33	9.38 ± 6.34	10.59 ± 5.88
[t]	左手	8.89 ± 4.58	7.46 ± 6.21	16.32 ± 9.00	16.67 ± 8.64
	右手	6.50 ± 4.78	6.19 ± 5.02	15.97 ± 7.26	15.28 ± 7.42
[g]	左手	7.91 ± 3.77	7.74 ± 5.32	14.22 ± 5.82	14.7 ± 5.97
	右手	7.07 ± 4.025	8.75 ± 5.08	13.4 ± 6.71	16.50 ± 7.14
[k]	左手	6.90 ± 3.99	8.66 ± 5.57	18.63 ± 8.2	15.85 ± 6.93
	右手	7.74 ± 5.32	7.52 ± 5.64	19.28 ± 7.5	14.22 ± 6.07

1. 根据实验设计，对表 3 – 15 进行统计分析。

（1）类别（清、浊）× 双耳（左、右）× 双手（左、右）

①词首塞音音素的识别：

识别 [b]、[p] 的类别差别不显著，$F_{(1.17)} = 1.19$，$P = 0.29$。

双手主效应不显著，F（1.17）= 1.46，P = 0.244。类别和双耳的交互作用不显著，F（1.17）= 1.05，P = 0.319。类别、双耳、双手之间的交互作用不显著，F（1.17）= 1.77，P = 0.2。双手和双耳之间的交互作用不显著，双耳主效应不显著，类别和双手之间的交互作用不显著，F < 1。

识别［d］、［t］的类别差别显著，词首［d］的错误率显著高于［t］的错误率，F（1.17）= 4.40，P = 0.05。双手主效应不显著，F（1.17）= 3.43，P = 0.081。双手和双耳之间的交互作用不显著，F（1.17）= 1.32，P = 0.266。双耳主效应不显著，类别和双耳，类别和双手，类别、双耳、双手之间的交互作用不显著，F < 1。

识别［g］、［k］的类别主效应，双手主效应，类别和双耳，类别和双手，双手和双耳交互作用不显著 F < 1，双耳主效应不显著，F（1.17）= 2.35，P = 0.14，类别、双手和双耳的交互作用不显著，F（1.17）= 3.88，P = 0.065。

②词尾塞音音素的识别

识别［b］、［p］的类别主效应差别显著，F（1.17）= 29.82，P = 0.00，识别词尾［p］的错误率显著高于词尾［b］的错误率。双手主效应不显著，F（1.17）= 3.43，P = 0.081。双手和双耳之间的交互作用不显著，双耳主效应不显著，类别和双耳，类别和双手，类别、双耳、双手之间的交互作用不显著，F < 1。

识别［d］、［t］的类别主效应显著，词尾［t］感知的错误率显著高于［d］的错误率，F（1.17）= 13.86，P = 0.002 < 0.05。双耳主效应不显著，双手和双耳之间的交互作用不显著，类别和双耳，类别和双

手，类别、双耳、双手之间的交互作用不显著，$F < 1$。

识别［g］、［k］的类别主效应不显著，$F(1.17) = 3.39$，$P = 0.083$，双耳主效应显著，大脑左半球是识别［g］、［k］的优势脑半球。$F(1.17) = 5.78$，$P = 0.028$。类别和双耳的交互作用显著，$F(1.17) = 18.68$，$P = 0.00$。类别、双耳和双手交互作用显著，$F(1.17) = 5.98$，$P = 0.026$。简单检测显示，识别［k］时，右手或左手作为反应手，右耳的错误率显著低于左耳的错误率。$F(1.17) = 16.93$，$P = 0.001$（右手），$F(1.17) = 4.43$，$P = 0.05$（左手）。识别词尾的［g］时，左手作为反应手，左耳的错误率显著低于右耳的错误率。$F(1.17) = 5.81$，$P = 0.027$。双手主效应不显著，类别和双手，双手和双耳交互作用不显著，$F < 1$。

由以上的统计可得出如下德语清、浊塞音识别结果：

A. 词首［d］识别的错误率显著高于词首［t］识别的错误率。

B. 词尾［p］识别的错误率显著高于词尾［b］识别的错误率。词尾［t］识别的错误率显著高于［d］的错误率。识别词尾［k］时，右手或左手作为反应用手时，右耳的错误率显著低于左耳的错误率。识别词尾的［g］时，左手作为反应用手时，左耳的错误率显著低于右耳的错误率。

（2）位置（前、后）×双耳（左、右）×双手（左、右）

识别［b］的位置主效应显著，词首浊音［b］识别的错误率显著低于词尾浊音［b］的错误率，$F(1.17) = 6.136$，$P = 0.024$。双手主效应不显著，$F(1.17) = 2.814$，$P = 0.112$。双手和双耳的交互作用不显著，双耳主效应不显著，位置和双耳，位置和双手之间的交互作用不显著，类别、双耳、双手之间的交互作用不显著，$F<1$。

识别 [p] 的位置主效应显著，词首清音 [p] 识别的错误率显著低于词尾清音 [p] 的错误率，$F(1.17)=34.26$，$P=0.00$。双手主效应不显著，双手和双耳的交互作用不显著，双耳主效应不显著，位置和双耳，位置和双手之间的交互作用不显著，$F<1$。类别、双耳、双手之间的交互作用不显著，$F(1.17)=1.377$，$P=0.254$。

识别 [d] 的位置主效应显著，词首浊音 [d] 识别的错误率显著低于词尾浊音 [d] 的错误率，$F(1.17)=2.59$，$P=0.126$。双手主效应不显著，$F(1.17)=2.06$，$P=0.169$。双手和双耳的交互作用不显著，$F(1.17)=1.28$，$P=0.274$。双耳主效应不显著，位置和双耳，位置和双手之间的交互作用不显著，类别、双耳、双手之间的交互作用不显著，$F<1$。

识别 [t] 的位置主效应显著，词首清音 [t] 识别的错误率显著低于词尾清音 [t] 的错误率，$F(1.17)=37.62$，$P=0.00<0.05$。双耳主效应不显著，双手主效应不显著，位置和双耳，位置和双手，双手和双耳之间的交互作用不显著，$F<1$。类别、双耳、双手之间的交互作用不显著，$F(1.17)=1.21$，$P=0.287$。

识别 [g] 的位置主效应显著，词首浊音 [g] 识别的错误率显著低于词尾浊音 [g] 的错误率，$F(1.17)=48.94$，$P=0.00$。双耳主效应显著，$F(1.17)=7.68$，$P=0.021$。双手和双耳的交互作用显著，$F(1.17)=5.22$，$P=0.036$。简单效应检测显示，右手作为反应手时，左耳（大脑右半球）识别 [g] 的错误率低于右耳（大脑左半球）识别 [g] 的错误率。$F(1.17)=34.77$，$P=0.00$，左手作为反应手时，右

耳（大脑左半球）识别［g］的错误率低于左耳（大脑右半球）识别
［g］的错误率，F（1.17）= 40.97，P = 0.00。双手主效应不显著，
双耳主效应不显著，位置和双耳的交互作用不显著。位置和双手之间的
交互作用不显著，类别、双耳、双手之间的交互作用不显著，$F < 1$。

识别［k］的位置主效应显著，词首清音［k］识别的错误率显著
低于词尾浊音清化音［k］的错误率，F（1.17）= 57.09，P = 0.00。双
耳主效应显著，F（1.17）= 7.68，P = 0.013。位置和双耳的交互作用
显著，F（1.17）= 19.69，P = 0.00。右耳（大脑左半球）识别词尾
［k］的错误率显著低于左耳（大脑右半球）识别［k］的错误率，F
（1.17）= 31.99，P = 0.00。双手主效应不显著，F（1.17）= 2.06，P
= 0.169。双手和双耳的交互作用不显著，F（1.17）= 2.21，P =
0.155。双耳主效应不显著，位置和双手之间的交互作用不显著，类别、
双耳、双手之间的交互作用不显著，$F < 1$。

2. 由以上对初级后德语学习者德语清、浊塞音"类别"和"位
置"的统计可得出如下结论：

（1）德语"清""浊"塞音感知特征与德语的"清""浊"塞音的
分布位置之间的关系是：

①词首的德语清、浊塞音识别的错误率低于词尾的浊音或浊音清
化音。

②右耳（大脑左半球）识别词尾［k］的错误率低于左耳（大脑右
半球）识别［k］的错误率。左耳（大脑右半球）识别［g］的错误率
低于右耳（大脑左半球）识别［g］的错误率。左手作为反应手时，右
耳（大脑左半球）识别［g］的错误率低于左耳（大脑右半球）识别

［g］的错误率。

（六）讨论

下面从德语"清""浊"音错误率整体序列变化，德语"清""浊"音小类的错误率变化，感知德语"清""浊"音优势序列的变化三个方面观察无德语经验的中国大学生、学习德语 16 周的初级德语学习者和初级后德语学习者德语"清""浊"塞音感知的发展过程。

1. 德语清浊音错误率整体序列变化

由上文表 3 – 12 得出下面表 3 – 16 无德语经验中国大学生德语清、浊音识别的错误率高低序列。

表 3 – 16　无德语经验中国大学生德语清浊音识别的错误率高低序列表

		左耳	右耳
词首	左手	g > p > k > d > t > b	g > p > k > d > t > b
	右手	g > p > k > d > b > t	g > p > k > d > b > t
词尾	左手	p > k > d > g > t > b	p > k > d > t > g > b
	右手	p > k > d > b > t > g	p > k > d > g > b > t

由上表可知，无德语经验的中国大学生感知德语"清""浊"音的错误率表现出与发音部位不完全对等的清浊小类的"浊清"间隔错误率由高到低的模式。

由上文表 3 – 13 得出下面表 3 – 17 初级德语学习者德语清、浊音识别的错误率高低序列。

表 3 –17　初级德语学习者德语"清""浊"塞音识别的错误率高低序列表

		左耳	右耳
词首	左手	g>k>d>p>t>b	g>k>d>b>p>t
	右手	g>k>d>t>p>b	g>k>d>p>t>b
词尾	左手	p>k>g>t>d>b	t>k>p>g>d>b
	右手	k>p/g>t>d>b	t>k>p>g>d>b

　　由上表可知，初级德语学习者感知德语清、浊音时的错误率表现出与发音部位有一定对等的清浊小类的"浊清—浊清"错误率由高到低的模式。感知词尾德语浊音清化音、浊塞音的错误率表现出低错误率的浊音小类数量逐渐增多的趋势。由上文表 3 –15 得出下面表 3 –18 初级后德语学习者德语清浊音识别的错误率高低序列。

表 3 –18　初级后德语学习者德语"清""浊"音识别的错误率高低序列表

		左耳	右耳
词首	左手	d>t>p>b>g>k	d>p>k>b>g>t
	右手	p>d>k>g>t>b	g>d>b>k>p>t
词尾	左手	k>p>t>g>d>b	t>p>k>g>d>b
	右手	k>p>t>g>d>b	p>g>t>k>d>b

　　由表 3 –18 可知，初级后德语学习者感知德语词首"清""浊"塞音时，显示出与不同发音部位清浊小类有关的"浊清—浊清"错误率由高到低的模式，感知词尾德语"清""浊"塞音显示出清音或浊音清化音错误率高于浊音的错误率的情况。

2. 德语"清""浊"音小类错误率变化情况

（1）无德语经验中国大学生，词首和词尾浊音、清音或浊音清化音的感知序列是：

①词首德语清音和浊音的感知优势序列是：

浊音：g > d > b，清音：p > k > t。

②词尾德语浊音清化音和浊音的感知序列是：

浊音：d > g > b，清化音：p > k > t。

（2）初级德语学习者词首和词尾浊音、清音和浊音清化音的感知序列

①词首德语清音和浊音的感知优势序列是：

浊音：g > d > b，清音：k > p > t，k > t > p。

②词尾德语清音、浊音清化音和浊音的感知优势序列是：

浊音：g > d > b，清化音：k > p > t，p > k > t，t > k > p。

（3）初级后德语学习者词首和词尾浊音、清音和浊音清化音的感知序列

词首：浊音：d > b > g，　清音：t > p > k，p > k > t，k > p > t。

词尾：浊音：g > d > b，清化音：k > p > t，t > p > k，p > t > k。

由上面的对比分析可以看出无德语经验、初级德语学习者和初级后德语学习者德语清、浊音的感知特征，从无德语经验的德语学习者到初级后德语学习者，"g > d > b"一直是一个感知的优势序列，从上面这几个浊音 VOT 的长度可知，［b］的最短，错误率最低，［d］VOT 的长度略长于［g］，但是错误率低于［g］，因此由这一序列可知，在感知德语"清""浊"音时德语浊音的发音部位的差异影响到感知的序列。

发音部位优势序列是：前＜中＜后。而变化的是清音和浊音。清化音感知具有不稳定性。无德语经验的中国大学生只有"p＞k＞t"一个优势序列，在初级德语学习者感知德语清音和浊音清化音的序列中，有"k＞p＞t，p＞k＞t，t＞k＞p，k＞t＞p"等序列，在初级后德语学习者感知德语清音的序列中，有"k＞p＞t，p＞k＞t，t＞p＞k"等序列，这表明初级德语学习者和初级后德语学习者对清音或浊音清化音的感知不稳定，发音部位的习得先于发音方法的习得。

（4）感知德语清浊音优势序列的变化

由上文可知，无德语经验的中国大学生、学习德语 16 周的初级德语学习者和初级后德语学习者德语"清""浊"塞音感知的整体发展趋势是：词首德语"清""浊"塞音识别的错误率低于词尾的浊音清化音识别率。

从语言类型的标记理论来看，德语词首浊音是有标记的，清音无标记，词尾的浊音清化音具有更强的标记性，因此在引言中提出以下感知序列的假设："词首清音＜词首浊音＜词末浊音清化音"。由上面表 3－12、表 3－13 和表 3－15 可知：无德语经验的中国大学生、初级德语学习者和初级后德语学习者在识别德语词首和词尾清浊音时的特征是，词首：p＞b，d＞t，g＞k；词尾：词末浊音清化音＞词首清音。词首清、浊音习得序列是：b＜p，t＜d，k＜g；词尾的习得序列是：词首清音＜词末浊音清化音。词尾的浊音清化音和词首的浊音错误率的高低与三类被试有关：无德语经验的中国大学生是"p＞b，d＞t，k＞g"，初级德语学习者和初级后德语学习者一样是"p＞b；t＞d；k＞g"。词尾浊音清化音和词首浊音习得序列是：无德语经验的中国大学生是"b＜p，t

< d，g < k"，初级德语学习者和初级后德语学习者是 "b < p，d < t，g < k"。

由以上两个序列可知，无德语经验的中国大学生—初级德语学习者—初级后德语学习者词尾浊音清化音和词首浊音习得序列是逐渐向 "词首有标记 < 词末强有标记" 方向发展的，词首清浊音的感知特征是："词首无标记 < 词首有标记"，只有 b、p、d、t 是 "词首有标记 < 词首无标记" 的习得序列，而 "t < d，k < g" 的优势序列有可能是受到汉语标记优势序列的影响。

（七）结论

由上面的讨论可得如下结论，无德语经验的中国大学生、学习德语 16 周的德语初级学习者和初级后德语学习者德语清浊塞音感知的整体发展趋势是：

1. 德语浊音感知的错误序列 "g > d > b" 一直是一个优势序列，这表明发音部位优势序列是：前 < 中 < 后。清音或浊音清化音的感知不稳定，发音部位的习得先于发音方法的习得。

2. 词首德语清、浊塞音感知的错误率表现出与不同发音部位清浊小类有关的 "浊清—浊清" 的由高到低的序列，词尾德语清、浊塞音感知错误率表现出清音或浊音清化音的错误率高于浊音的错误率的情况。

3. 词首德语清、浊塞音识别的错误率低于词尾浊音清化音。

4. 从语言类型学标记的角度看，从无德语经验的中国大学生到初级德语学习者和初级后德语学习者词尾浊音清化音和词首浊音习得优势序列的发展是逐渐向 "词首有标记 < 词末强有标记" 方向发展的，词

首清、浊音的感知特征是"词首无标记＜词首有标记"。b、p、d、t 是"词首有标记＜词首无标记"的习得序列，而"t＜d，k＜g"的序列有可能是受到汉语标记优势序列的影响。

5. 感知德语清浊音优势脑半球的变化，

无德语经验的中国大学生无论识别词首还是词尾的德语清、浊音均未见明显的大脑偏侧化现象。初级德语学习者和初级后德语学习者在处理某一德语清、浊塞音时出现了大脑半球侧化和优势反应手现象。

三、西班牙语学习者西语"清""浊"塞音的感知

（一）引言

汉语塞音与西语塞音从发音部位看，是一对相似音，但从语音的区别性特征上看，汉语的塞音是"送气"和"不送气"的对立，而西语塞音是"清""浊"的对立。对印欧语系语言语音感知的研究表明，"二语习得者可能会以母语的方式感知二语音素从而影响到该语音产出的正确性"（Flege J. E，1991）。以这种观点看，"清""浊"对立语言语音的学习是以汉语为母语的二语学习者的难点之一。我们通过实验的方法观察以汉语为母语背景的西班牙语初学者西班牙语清浊音的感知特征。首先回顾一下前人对西语清、浊音的研究主要的三个角度及其结论。

1. 语音的产出和感知之间的关系

"第二语言语音感知和产出的质量依赖于第二语言和第一语言的相似度"（Best Catherine T，1994，Best Catherine T、Gerald W. McRoberts

etc.，2001，Flege J. E，1991，Flege J. E，1995）。Zampini M L（1998）
在研究以英语为母语的西班牙语语音学习者的产出和感知时认为，第二
语言"语音习得研究的一个重要的课题是：准确感知第二语言中特别
的语音对子（如：西语中的［b］、［p］）对正确的发音很重要。""从
音系学的角度看，英语、西语的［p］、［b］的差异在于浊音特征。从
语音学的角度看，西班牙的［p］和英语的［b］同属于短时延塞音
（short－lag stop）、短 vot"。但是，Zampini M L（1998）通过对亚利桑
那大学的以英语为母语的西班牙语语音学习者的产出和感知的实验研究
发现：产出和感知没有密切相关性，而且［p］准确的产出先于准确的
感知，［b］却没有这种情况，这说明在习得的某一阶段产出和感知是
两个独立的过程，而且不同的语素感知和产出的过程也是有差别的。

2. 声学特征在感知中的作用

Lisker and Abramson（1964）从声学角度已经给出了英语、西塞音
在 VOT 上的差异。Feijóo，Sergio，Fernández，Santiago. etc.（1998）的
研究表明 VOT 对辨别西班牙浊音有影响，从影响程度大小看有以下序
列：浊音横杠删除后可使 41% 的［d］识别为［t］，37% 的［b］识别
为［p］，19% 的［g］识别为［k］。Schoonmaker－Gates E.（2015）认
为，英语和西班牙语 VOT 的长度是不一样的，对 26 个西班牙本族语和
160 个以英语为母语的西班牙语学习者和对与不同等级外语口音有联系
的 VOT 感知的定量分析，结果显示虽然不同水平的非本族语对 VOT 感
知的结果不一样，但是研究也发现学习者对西班牙的语音构成和西语的
VOT 提供了一定的信息，他们在判断外国口音时会参考这些信息。

3. 清、浊音的神经机制

Molfese（1978，1980）和 Cohen、Segalowitz（1990）基于行为和神经机制的清、浊辅音的感知研究认为：辅音的清、浊特征具有右半球优势。

下文将在前人研究的基础上研究以汉语为母语的初级西班牙语学习者感知西班牙语六个清、浊塞音的感知特征。使用双耳分听技术验证以下三个假设：（1）西语塞音因清、浊而感知有别。（2）脑半球感知清、浊塞音有别。（3）语言类型学的浊音标记性强于清音，并后于清音习得。

（二）资料和方法

1. 实验对象

以非随机任意抽样法抽取以汉语为母语，西语基础为零并且学习西语 16 周的 21 名西语系学生，平均年龄 18 岁，英语高考成绩除两名外，其余最低分 109，最高分 144，西语是第三语言。所有被试视力或矫正视力正常，听力正常，经李心天中国人左右利手调查表测试为右利手。

2. 实验材料和实验程序

6 组清、浊塞音 [b] 和 [p]，[d] 和 [t] 以及 [g] 和 [k] 并分别分布于词首的西语辅元（CV）组合，如：ba－pa, ga－ka, da－ta。西语词首清、浊对立音素 VOT 的平均值是：[b]：－55.6ms；[p]：12ms；[d]：－69ms；[t]：13ms；[g]：－56.2ms；[k]：31.4ms。这些单词和音素的录音来自刘元祺、徐蕾《现代西班牙语》（2006），录音的取样率为 44100Hz，16bit 量化，单声道，.wav 格式，用 cooledit-pro2.0 标准化为 75dB，辅元组合标准化为 400ms。

实验程序借鉴 Passarotti 和 Banich 等以及蔡厚德、徐艳（2007）的双耳分听刺激呈现范式，把呈现材料按下列情况匹配。

右耳左耳匹配		右耳左耳匹配	
右耳	左耳	右耳	左耳
白噪音	［pa］	［pa］	白噪音
白噪音	［ba］／pa	［pa］／［ba］	白噪音

每个分布位置的测试单词是 5 个辅元组合。每个辅元组合出现在左耳或右耳各 2 次，每组辅元组合出现在左耳或右耳共 20 次，每个塞音分匹配和不匹配两种类型共 40 个测试项，另有 40 个填充测试项。6 个塞音有 240 个测试项，240 个填充项。

3. 实验过程

以测试西语清、浊塞音"［p］［b］"为例说明实验过程。西语清、浊塞音实验材料因左、右反应用手的不同分为两组实验材料。实验时，首先会在屏幕中央出现一个注视点"＋"作为提醒被试注意听音的符号，注视点"＋"消失后，接着在左耳和右耳同时出现一个白噪音和一个西语辅元组合，如"［pa］"，1000ms 之后，在左耳和右耳同时出现的一个"白噪音"和另一个西语辅元组合，如："［ba］"，前后出现的西语辅元组合呈现于左耳或右耳同一侧。白噪音时长和辅元组合同长，之后有 1500ms 的判断时间，让被试判断听到前后出现的辅元组合的词首的塞音音素是否一样，如果一样，按键盘上的"F"，不一样，按键盘上的"J"。三对清、浊辅音测试组以反应手和音素类别的不同用拉丁方的方式排列分为六个 block，每个 block 之间可自由休息。

4. 实验设备

联想台式计算机，15 寸液晶显示器，立体声头戴式耳机。

5. 实验设计

类别（清、浊）×双耳（左耳、右耳）×双手（左手、右手）三因素二水平被试内重复测量设计。

6. 统计学方法

使用 SPSS 13.0 对初级西语习得者识别清、浊音错误率进行重复测量方差分析（MANOVAs）统计分析，以 $P < 0.05$ 表示差异具有显著性。

（三）实验结果和分析

初级西班牙语学习者西班牙语清、浊塞音感知测试的正确反应时间和错误率列如表 3 – 19。

表 3 – 19　初级西班牙语学习者西班牙语清、浊塞音感知的正确反应时间（单位：ms）和反应错误率（单位:%）（M ± SD）

塞音	反应手	反应时间		错误率	
		左耳	右耳	左耳	右耳
[b]	左手	970. 10 ± 150. 07	1009. 93 ± 132. 33	10. 75 ± 11. 84	12. 25 ± 12. 19
	右手	1101. 86 ± 149. 88	1115. 58 ± 210. 28	10. 50 ± 11. 34	22. 00 ± 13. 22
[p]	左手	969. 00 ± 129. 34	986. 05 ± 159. 40	10. 25 ± 12. 30	10. 25 ± 13. 81
	右手	1052. 92 ± 149. 33	1074. 00 ± 192. 39	11. 75 ± 12. 28	11. 75 ± 13. 79
[d]	左手	985. 71 ± 136. 51	982. 56 ± 165. 48	10. 25 ± 11. 86	10. 00 ± 10. 51
	右手	988. 45 ± 143. 91	1046. 60 ± 152. 04	10. 75 ± 9. 90	16. 25 ± 7. 58
[t]	左手	942. 32 ± 124. 88	968. 89 ± 114. 49	10. 50 ± 12. 76	9. 25 ± 10. 29
	右手	1021. 71 ± 171. 97	1010. 69 ± 120. 36	12. 50 ± 13. 02	11. 5 ± 11. 93
[g]	左手	968. 95 ± 125. 23	964. 33 ± 164. 87	8. 25 ± 10. 67	8. 25 ± 8. 47
	右手	1029. 12 ± 177. 93	1053. 16 ± 162. 97	8. 75 ± 10. 11	11. 00 ± 11. 53

塞音	反应手	反应时间		错误率	
		左耳	右耳	左耳	右耳
[k]	左手	965.88 ± 140.56	939.85 ± 120.04	8.00 ± 9.37	10.75 ± 8.92
	右手	1048.52 ± 120.30	1003.76 ± 129.31	9.25 ± 11.50	9.75 ± 12.08

下面根据实验设计从"正确反应时间"和"错误率"两个方面分别对表 3 - 19 进行统计分析，统计结果显示：

（1）正确反应时间

[b]、[p] 识别的双耳主效应呈显著水平，左耳（大脑右半球）识别 [b]、[p] 的反应时间低于右耳（大脑左半球），$F(1.19) = 4.81$，$P = 0.041$。双手主效应呈显著水平，左手作为反应手时显著低于右手作为反应手时正确反应所用的时间，$F(1.19) = 17.29$，$P = 0.00$。类别主效应不显著，$F(1.19) = 2.09$，$P = 0.164$；类别和双手交互作用不显著，$F(1.19) = 1.12$，$P = 0.30$。类别和双耳的交互作用不显著，双耳和双手的交互作用不显著，类别、双手和双耳的交互作用不显著，$F < 1$。

[d]、[t] 识别的类别主效应不显著，类别和双手交互作用不显著，类别和双耳的交互作用不显著，双耳和双手交互作用不显著，$F < 1$。双手主效应不显著，$F(1.19) = 2.094$，$P = 0.164$；双耳主效应不显著，$F(1.19) = 2.412$，$P = 0.137$。类别、双手和双耳的交互作用不显著，$F(1.19) = 3.212$，$P = 0.089$。

[g]、[k] 双手主效应呈显著水平，左手作为反应手时显著地低于右手作为反应手时正确反应所用时间，$F(1.19) = 5.331$，$P = 0.032$。

类别主效应不显著，$F_{(1.19)} = 2.017$，$P = 0.172$；双耳主效应不显著，$F_{(1.19)} = 1.031$，$P = 0.323$。类别和双耳的交互作用不显著，$F_{(1.19)} = 2.733$，$P = 0.115$。类别、双手和双耳的交互作用不显著，$F_{(1.19)} = 1.828$，$P = 0.192$。双耳和双手交互作用不显著，类别和双手交互作用不显著，$F < 1$。

（2）错误率

［b］、［p］识别的双耳主效应呈显著水平，左耳（大脑右半球）识别的错误率低于右耳（大脑左半球），$F_{(1.19)} = 11.427$，$P = 0.003$。类别和双耳的交互作用显著，$F_{(1.19)} = 14.86$，$P = 0.001$，进一步简单效应检测表明：［b］比［p］双耳的差异更具显著性，而且左耳（大脑右半球）比右耳（大脑左半球）有更低的识别错误率，$F_{(1.19)} = 13.34$，$P = 0.002$。双耳和双手交互作用显著，$F_{(1.19)} = 9.05$，$P = 0.007$，进一步简单效应检测表明：右耳听音时，左手比右手有更低错误率，$F_{(1.19)} = 4.58$，$P = 0.048$。类别、双手和双耳的交互作用显著，$F_{(1.19)} = 10.86$，$P = 0.004$，简单效应检测显示，当识别［b］并使用右手作为反应手时，左右耳差异呈显著水平，左耳（大脑右半球）比右耳（大脑左半球）有更低的错误识别率，$F_{(1.19)} = 15.82$，$P = 0.001$。

［b］、［p］识别的类别主效应不显著，$F_{(1.19)} = 6.317$，$P = 0.21$。双手主效应不显著，$F_{(1.19)} = 2.049$，$P = 0.169$。类别和双手交互作用不显著，$F_{(1.19)} = 2.99$，$P = 0.10$。

识别［d］、［t］的类别和双耳的交互作用显著，$F_{(1.19)} = 4.886$，$P = 0.04$。识别［d］时，双耳差异呈显著水平，$F_{(1.19)} = 6.07$，P

=0.024。双耳和双手交互作用显著，$F (1.19) = 4.591$，$P = 0.045$。识别 [d] 时，双手差异呈显著水平，左手作为反应手时，听音错误率显著低于右手作为反应手时的错误率，$F (1.19) = 4.32$，$P = 0.05$。类别、双手和双耳的交互作用显著，$F (1.19) = 5.762$，$P = 0.027$，当右耳（大脑左半球）听音并且是右手作为反应手时，[t] 识别的错误率显著地低于 [d]。[d]、[t] 识别类别主效应不显著，$F (1.19) = 0.538$，$P = 0.472$；双手主效应不显著，$F (1.19) = 1.649$，$P = 0.215$。双耳主效应不显著，类型和双手交互作用不显著，$F < 1$。

[g]、[k] 双耳的主效应呈显著水平，左耳（大脑右半球）比右耳（大脑左半球）有更低的识别错误率，$F (1.19) = 7.689$，$P = 0.012$。[g]、[k] 识别的类别主效应不显著，$F < 1$。双手主效应不显著，$F < 1$；类型和双手交互作用不显著，$F < 1$。类型和双耳的交互作用不显著，$F < 1$。双耳和双手交互作用不显著，$F < 1$。类型、双手和双耳的交互作用不显著，$F (1.19) = 1.792$，$P = 0.197$。

通过以上的统计分析，可得出如下结果：

（1）大脑右半球是识别 [b]、[p]、[g]、[k] 优势脑半球。

（2）右手作为反应手时，大脑左半球识别 [t] 比识别 [d] 的错误率更低。

（3）当右耳（大脑左半球）识别 [b]、[p] 时，左手是优势反应用手；识别 [d]、[g] 和 [k] 时，左手是优势反应用手。

结论：

从上面的分析可知，初级西班牙语学习者感知西班牙 [b]、[p]，[g]、[k] 时：左耳（大脑右半球）是识别清浊音的优势脑半球。

（四）讨论

实验结果支持引言中提出的三个假设。

1. 脑半球感知清、浊塞音有别。

上面的结果表明：脑半球感知清、浊塞音有别。左耳（大脑右半球）是识别清浊音的优势大脑，而且还有类别差异，支持引言中提出的第一个假设。德语塞音的感知测试表明，无德语语言经验的中国大学生在识别德语的清浊塞音时没有显示出大脑半球的优势效应，而学习德语16周的中国德语习得者则显示出大脑半球的优势效应，与西班牙语的塞音相似，德语浊塞音也是负值，清塞音是正值，由上可知大脑半球的优势效应是后出现的。Belger A，Banich M T（1998）的研究表明：大脑半球间的合作增加了大脑信息的处理能力，遇到复杂工作时，任务被分派给大脑两半球处理加工。因此经过16周的西班牙语学习之后出现大脑偏侧化效应表明，西语塞音的识别难度已经降低，但西语塞音内部小类有别。下面就讨论第二个假设。

2. 不同的塞音因清、浊而感知有别。

根据表3－19，进一步把西语学习者西语塞音识别反应时间和错误率高低序列如下表3－20。

表3－20　西语学习者的西语塞音识别反应时间和错误率高低序列表

	左耳		右耳	
	反应时间	错误率	反应时间	错误率
左手	d>b>p>g>k>t	b>t>p/d>g>k	b>p>d>t>g>k	g>t>d>b>k>p
右手	p>k>g>t>b>d	t>p>d>b>k>g	b>p>g>d>t>k	b>d>p>t>g>k

　　西班牙塞音感知正确反映时间的长短和错误率的高低反映了初级西班牙语学习者在感知西班牙塞音时的难易度，从表 3 – 20 中可知，右耳（大脑左半球）识别西语浊塞音中的［b］、［g］难度最大，识别清塞音［k］、［p］难度最小。左耳（大脑右半球）识别西语浊塞音中的［d］、［b］和清塞音［p］、［t］难度最大，识别浊塞音［d］、［g］和清塞音［t］、［k］难度最小。Feijóo，Sergio，Fernández. etc. 使用等长的浊音横杠发现其对浊塞音识别的贡献度是：［d］ > ［b］ > ［g］。仅从西班牙语浊塞音的感知的难易度看，学习西班牙语 16 周的西班牙语学习者识别西语浊塞音时，在不同的条件下有下面的序列：［d］ > ［b］ >［g］，［d］ > ［b］，这一序列与上面［d］ > ［b］ > ［g］相似度很高。西语清塞音感知的难度有下列序列：p>k，t>k。

　　3. 从语言类型学标记理论的角度，西语中浊音的标记性高于清音。

　　本次实验结果显示出大体上在同一部位的清浊音中浊音的反应时间和错误率长于/高于清音，尤其是在右手作为反应手，右耳听音的状态下更符合这条规律，由此也可得出下列习得的先后序列：b<g<d；p<t<k。同部位塞音"清音<浊音"。

　　（五）结论

　　通过以上分析可知，西班牙语为零起点的西班牙语习得者在学习西班牙语 16 周后，其清浊塞音识别显示出大脑右半球优势，而且六个清浊塞音识别的正确反映时间和错误率上不均衡，大体显示出：同部位浊音的识别难度大于清音。这与语言类型学的标记区分度假设相吻合，西语和德语的清、浊塞音的声学特征基本相同，但在适应语言类型学的标记区分度假设上有别，由上面的实验材料可知，西语使用的是 VC 音节结构，而德语用的是 VCV 结构，西语的结构比德语的简单，而且西语是在词首的清浊对立，德语除了词首的清浊对立外，还有词尾的中和音，由此而造成了以汉语为母语的两种语言学习者对西、德清浊参数设置的差别和难度不同。

四、中国英语后期学习者英语"清""浊"塞音的识别

（一）中国英语后期学习者英语清浊塞音的识别

1. 引言

中国英语学习者开始学习英语的年龄会在 10 岁左右甚至更早，属于早期语言学习者（early learners），在进入大学学习之前学习英语至少有八年之久，这些学生高考时成绩优秀，外语水平大体相当于 PETS - 2，在目标语语言水平上已经属于英语习得的高级或英语习得后期了，在这样的目标语状态下，中国英语学习者在感知英语清、浊音时是否还受到汉语母语语音的影响？另外根据语言类型学中的标记理论，英语中的清浊对立辅音如〔b〕、〔p〕，其中〔b〕是有标记的，〔p〕是无标记的，根据标记理论的预测：对于以汉语为母语的中国英语学习者来说，〔b〕习得难度比〔p〕大，那么中国后期英语学习者在感知英语清、浊音时是否还会有〔b〕习得难度比〔p〕大的表现呢？本节考察中国英语后期学习者感知英语的词首清、浊辅音时的特征。

2. 资料和方法

实验一：英语清、浊自我识别。实验一的目标是考察英语习得者对同一个英语辅音识别时间和精度。以英语清爆破音〔p〕为例，共有两

种呈现实验材料方式，一是首先呈现启动语音［pi］，间隔900ms之后，呈现由12个英语辅元组合成的直呼拼音匹配之一，其中之一有一个辅元音节的辅音与［pi］一样。二是先呈现12个英语辅元组合成的直呼拼音匹配之一，后呈现辅元组合［pi］，先呈现的辅元音节中的辅音有一个与［pi］的辅音一样。然后有1500ms的判断时间，判断前后出现的两个辅元音节中的辅音是否一样。每一个辅元组合共出现24次。

实验二：英语清浊辅音和汉语相似音的识别。如英语清爆破音［p］和汉语的送气音［p'］很接近，这部分考察英语习得者的母语对与之相似的英语辅音识别的影响。实验材料共两种呈现方式，以英语清爆破音［p］和汉语送气音［p'］为例，一是首先呈现汉语送气音［p'i］，间隔900ms之后，呈现由英语辅音和12个英语元音组合成的直呼拼音匹配之一，其中之一是英语爆破音［pi］。二是先呈现12个英语辅元音组合成的直呼拼音匹配之一，其中之一是英语爆破音［pi］，后呈现汉语送气音 p［p'i］。每个辅元音节呈现24次。

（1）实验对象

随机抽取47名非英语专业的中国大学生，年龄21岁，经李心天左右利手检查量表检测为右利手。所有受试者视力或矫正视力正常，均通过大学英语四级考试。

（2）实验材料

①三对英语清浊爆破音［p］、［t］、［k］，［b］、［d］、［g］。这三对清浊辅音中的每个辅音分别与英语前元音：［i:］、［i］、［e］、［æ］、中元音：［ə］、［ɜ:］，后元音［ɑ:］［ɒ］、［ʊ］、［ɔ］、［u］、［ʌ］组合成12×6=122个直呼拼音。这122个直呼拼音的录音来自《英语国

际音标教程》录音。②相应的汉语的送气和不送气辅音［p］、［p'］、
［t］、［t'］、［k］、［k'］和汉语元音［i］、［u］、［a］、［α］、［o］、
［ɤ］、根据和英语语音辅元组合相似性原则组合匹配，共 12×6＝122
个，这 122 个音节来自"https://www. digmandarin. com/chinese － pinyin －
chart"，另有 244 个填充音节。

（3）实验程序和过程

首先用 Cool Edit Pro 对每个音节的录音材料进行批量标准化音强为
75dB，音长为 350ms。实验刺激成对随机出现。实验时，荧光屏首先出
现英文的指导语，提示被试仔细听录音，屏幕上会出现一个"＋"，接
着被试会听到依次出现的两个音节，如果这两个音节中的辅音一样，按
按键盘上的"J"，如果不一样，就按"F"，反应用手在被试间平衡。
反应时间 1500ms，实验分四个 block，分两次完成。

（4）实验设备

联想台式机，15 寸液晶显示器，立体声头戴式耳机。

（5）实验设计

单因素被试内重复测量设计。

（6）统计学方法

实验数据导入 Microsoft Office Excel 2003，按发音部位和发音方法
分别对英语爆破辅音进行均值统计，通过 SPSS 13.0 软件采用单因素分
析比较英语爆破辅音错误率的差异。

3. 实验结果和分析

实验一：

表3-21　英语清浊音识别错误率（单位:%）

类别	清	浊
错误率	13.71±9.85	12.49±9.07

T检验结果表明，爆破音在清浊的自相匹配的错误率差异不显著，t=1.548，p=0.129。

上面从发音方法上检测了英语清浊辅音自相匹配，下面从发音部位观察发音部位在英语学习者感知英语清浊辅音时的作用。结果见下表3-22。

表3-22　英语爆破音的自相匹配错误率（单位:%）

类别	双唇	唇齿	软腭
错误率	14.59±10.38	12.35±9.46	12.35±10.59

重复测量检测显示：汉英双唇、齿槽、软腭音识别错误率差异不显著，F（2.92）=2.531，P=0.085。

实验二：

表3-23　汉英语清浊音识别错误率（单位:%）

类别	清	浊
错误率	26.61±3.61	27.87±5.01

T检验结果表明，清浊爆破音的英汉匹配的错误率差异显著，t=-2.373，p=0.022，英语浊音的错误率显著高于清音。

下面从发音部位观察发音部位在英语学习者感知汉、英辅音匹配时的作用，结果见表3-24。

表3-24 汉英语清浊音识别错误率（单位:%）

类别	双唇	齿槽	软腭
错误率	27.10±3.79	27.12±5.56	27.49±4.95

重复测量检测显示：汉英双唇、齿槽、软腭音识别错误率差异不显著，$F_{(2.92)}=0.20$，$P=0.819$。

4. 小结

由实验一和实验二可知，在音位层面上，对表3-21的统计显示，英语后期学习者塞音的清浊识别的错误率无显著差别，但这仅是从英语清浊对立的层面来说，对表3-23统计显示：汉英浊音的错误率显著高于汉英清音的匹配度的错误率，说明从英汉的混淆程度来说，汉语的清音还是被识别为英语的浊音，由此可知对于中国高级英语学习者来说，在音位层面上，英语中介语的清、浊对立有可能是一个新构建的层面，如果放在汉语音素层面，汉语的清音还是被识别为英语的浊音。这一结果"是以母语的语音范畴为参照对感知能力重新组织的结果，也可能是由于注意机制作用，言语声学特征突出程度的相对变化造成的。"（刘振前、时小英，2002）

（二）中国大学生英语首尾清浊音的感知

前人对以汉语为母语的英语学习者英语的句末 [t] 和 [d] 的感知和产出的研究表明。"如果在自己的母语中词尾没有 [t]、[d]，第二语言成年英语习得者会把第二语言中的辅音看作是新的辅音，并需掌握英语词末的 [t]、[d] 对应的规律"（Flege，1993）。前文对德语学习者的实验表明，母语中有入声和第二语言学习者的母语和目标语词尾清浊间的感知有一定的关联，但不是必然的关系。

本节考察英语单词中词首和词尾清浊塞音的感知差异以验证无标记成分习得的优先性。

1. 资料和方法

（1）实验对象

以非随机任意抽样法抽取非英语专业进入大学 16 周的 29 名学生，这些学生平均年龄是 18 岁。所有被试视力或矫正视力正常，听力正常，经李心天中国人左右利手调查表测试为右利手。

（2）实验材料和实验程序

实验材料分为六组两类分布位置共 12 组实验材料。

6 组清浊塞音〔b〕和〔p〕，〔d〕和〔t〕以及〔g〕和〔k〕分别分布于词首和词尾的英语单词。实验材料分为两组：第一组是被测音素在词首，如pig—big，tell - dell，class - glass，第二类是被测音素在音尾，如 cap—cab，seat - seed，pick - pig，这些单词的录音来自《英语国际音标》《新概念英语》，实验材料中的清浊塞音的 VOT 值数据是：

提示启动音：〔b〕- 120ms，〔p〕140 ms；〔d〕- 120ms，〔t〕140ms；〔g〕- 12ms，〔k〕100ms。

词首测试音：〔b〕8ms，〔p〕70 ms；〔d〕17ms，〔t〕70ms；〔g〕21ms，〔k〕69ms。

词尾测试音：〔b〕6.5ms，〔p〕38.7ms；〔d〕20ms，〔t〕77ms；〔g〕63ms，〔k〕120ms。

每个单词格式化为 . wav 格式，44100Hz，16bit 量化，单声道，用

cooleditpro2.0 标准化为 75dB，根据单词的音节结构和平均音长的测算，测试单词是 CVC 结构的标准化为 300ms。

右耳匹配	左耳匹配	右耳匹配	左耳匹配
右耳	左耳	右耳	左耳
白噪音	英语音节/英语单辅音	英语音节/英语单辅音	白噪音
白噪音	英语单辅音/英语音节	英语单辅音/英语音节	白噪音

每组测试材料有 5 个英语单词，英语塞音音素和单词出现的顺序为先、后两种，每组测试单词出现在左耳或右耳各 10 次，每个塞音分别分前、后位置和分匹配和不匹配两种类型共 40 个测试项，另有 40 个填充测试项。6 个塞音有 240 个测试项，240 个填充项。

（3）实验过程

以测试英语清浊塞音"［b］、［p］"为例说明实验过程。英语清、浊塞音实验材料因左、右反应用手的不同分为两组实验材料。实验时，首先会在屏幕中央出现一个注视点"＋"作为提醒被试注意听音的符号，注视点"＋"消失后，接着在左耳和右耳同时出现一个白噪音和一个塞音音素，如"［p］"，1000ms 之后，在左耳和右耳同时出现的一个白噪音和一个英语音节，如"pig"，塞音音素和英语音节呈现于耳朵的左或右同一侧。白噪音和塞音音素或单词同长，之后有 1500ms 的判断时间，让被试判断后出现的音节中的词首或词尾有没有先出现的音素。所有六个塞音的实验材料按反应手和音素类别的不同用拉丁方的方式排列分为六个 block，每个 block 之间可自由休息。

（4）实验设备

联想台式计算机，15 寸液晶显示器，立体声头戴式耳机。

（5）实验设计

①类别（清、浊）×耳（左耳、右耳）×双手（左手、右手）。

②位置（前、后）×双耳（左耳、右耳）×双手（左手、右手）。上面两个实验设计是三因素二水平被试内重复测量设计。

（6）统计学方法

使用 SPSS 13.0 对英语习得者识别清浊音错误率和正确反应时间两个维度进行重复测量方差分析（MANOVAs）统计分析，以 $P < 0.05$ 表示差异具有显著性。

3. 实验结果和分析

英语学习者清、浊塞音感知测试的错误率列如下表 3 – 25，错误率是每个清音或浊音的错误数除以每组清浊音的总数。

表 3 – 25　英语学习者英语词首词尾清、浊塞音感知反应错误率（单位:%）（M ± SD）

塞音	反应手	词首		词尾	
		左耳	右耳	左耳	右耳
[b]	左手	4.31 ± 3.53	5.06 ± 4.04	4.57 ± 3.82	3.77 ± 3.67
	右手	4.57 ± 3.93	3.77 ± 3.95	4.36 ± 3.32	3.87 ± 3.60
[p]	左手	4.74 ± 3.35	4.95 ± 4.13	4.68 ± 2.92	4.09 ± 3.926
	右手	4.57 ± 3.23	3.66 ± 3.45	3.87 ± 2.94	4.20 ± 3.66
[d]	左手	2.65 ± 2.77	3.02 ± 3.08	2.95 ± 2.76	3.23 ± 3.07
	右手	3.44 ± 3.70	3.23 ± 3.27	3.95 ± 3.83	3.44 ± 3.30
[t]	左手	2.95 ± 2.97	2.73 ± 2.30	3.23 ± 3.12	4.02 ± 3.19
	右手	3.01 ± 3.50	3.16 ± 3.55	4.09 ± 3.26	3.37 ± 3.01

塞音	反应手	词首		词尾	
		左耳	右耳	左耳	右耳
[g]	左手	7.69 ± 4.42	7.69 ± 4.17	10.34 ± 2.76	9.63 ± 2.97
	右手	7.04 ± 4.99	6.53 ± 5.0	9.55 ± 3.50	9.99 ± 3.40
[k]	左手	5.46 ± 2.75	5.32 ± 3.46	7.11 ± 3.54	6.97 ± 4.03
	右手	4.67 ± 3.64	4.24 ± 3.4	7.40 ± 3.84	7.26 ± 4.08

根据实验设计"类别（清、浊）×双手（左、右）×双耳（左、右）"对表 3 - 25 词首和词尾塞音清浊辅音识别的错误率分别进行重复方差分析，结果显示：

（1）词首清浊辅音的识别

识别 [b]、[p] 的双手、双耳、类别主效应不显著，识别 [d]、[t] 的双手、类别主效应不显著，双耳主效应不显著，识别 [g]、[k] 的双手、双耳主效应不显著，$F < 1$。但类别主效应显著，$F_{(1.28)} = 10.65$，$P = 0.003$，[g] 识别的错误率显著高于 [k] 的错误率。

（2）词尾清浊辅音的识别

识别 [b]、[p]，[d]、[t] 的双手、类别的主效应不显著，双耳主效应不显著，$F < 1$。识别 [g]、[k] 双手、双耳主效应不显著，$F < 1$。类别主效应显著，$F_{(1.28)} = 24.57$，$P = 0.00$。[g] 识别的错误率显著高于 [k] 的错误率。

根据实验设计 2 "位置（前、后）×双耳（左、右）×双手（左、右）"的统计分析显示：识别 [b]、[p]、[d] 的双手、双耳和位置主效应均不显著。识别 [t] 的双手、双耳主效应均不显著。位置主效应显著，F（1.28）= 6.25，P = 0.018 < 0.05，词尾［t］的错误率显著高于识别词首［t］的错误率。识别［g］双手、双耳主效应不显著。位置的主效应显著，F（1.28）= 17.25，P = 0.00，词尾［g］的错误率显著高于词首［g］的错误率。识别［k］双手、双耳主效应不显著，F < 1。位置的主效应显著，F（1.28）= 13.97，P = 0.001，词尾［k］的错误率显著高于词首［k］的错误率。

由上面的统计结果可以得出以下结果：

词首［g］的错误率显著高于词首的［k］的错误率，词尾的［g］的错误率显著高于词尾［k］的错误率。词尾的［t］、［g］、［k］的错误率显著高于词首的［t］、［g］、［k］。

上面统计分析了英语学习者清、浊塞音感知测试的错误率，下面继续分析英语学习者清、浊塞音感知测试的正确反应时间，英语学习者清、浊塞音感知测试的正确反应时间列如表 3 - 26。

表 3 - 26　英语学习者英语词首词尾清、浊塞音正确

感知反应时间（单位:%）（M ± SD）

塞音	反应手	词首		词尾	
		左耳	右耳	左耳	右耳
［b］	左手	1060. 19 ± 142. 32	1095. 52 ± 119. 73	1080. 43 ± 162. 75	1088. 15 ± 141. 38
	右手	1049. 13 ± 109. 14	1054. 60 ± 135. 38	1035. 73 ± 176. 14	1069. 45 ± 139. 69
［p］	左手	1026. 64 ± 125. 84	1080. 91 ± 147. 72	1054. 14 ± 175. 68	1086. 06 ± 118. 51
	右手	1051. 75 ± 150. 38	1023. 03 ± 156. 61	1046. 05 ± 146. 80	1065. 59 ± 181. 93
［d］	左手	1030. 57 ± 151. 90	1053. 49 ± 175. 46	1022. 38 ± 163. 70	1042. 75 ± 158. 13
	右手	1039. 82 ± 192. 01	1038. 49 ± 145. 61	1062. 00 ± 135. 96	1050. 28 ± 136. 94

塞音	反应手	词首		词尾	
		左耳	右耳	左耳	右耳
[t]	左手	1007. 72 ± 152. 96	1001. 19 ± 197. 50	1010. 19 ± 168. 52	1014. 94 ± 191. 60
	右手	1006. 77 ± 160. 82	1009. 97 ± 142. 77	1037. 24 ± 215. 95	979. 97 ± 128. 27
[g]	左手	1094. 33 ± 177. 98	1110. 93 ± 208. 24	1158. 62 ± 202. 49	1138. 10 ± 185. 94
	右手	1092. 11 ± 202. 58	1076. 85 ± 207. 38	1145. 18 ± 189. 46	1112. 15 ± 209. 90
[k]	左手	1104. 89 ± 212. 19	1048. 23 ± 181. 00	1149. 22 ± 193. 40	1120. 38 ± 182. 79
	右手	1049. 05 ± 197. 37	1027. 99 ± 180. 01	1148. 64 ± 189. 43	1140. 65 ± 198. 78

根据实验设计①"类别（清、浊）×双手（左、右）×双耳（左、右）"对表3 – 26 进行重复方差分析后结果显示：

（1）词首英语清浊辅音的识别

识别［b］、［p］的双手和双耳的交互作用显著，$F(1.28)=8.77$，$P=0.006<0.05$。在左手作为反应手的情况下，左耳（大脑右半球）的正确反应时间显著地低于右耳（大脑左半球），$F(1.28)=16.02$，$P=0.000<0.05$。类别主效应不显著，$F(1.28)=2.24$，$P=0.146$。双手主效应不显著，$F<1$，双耳主效应不显著，$F(1.28)=2.86$，$P=0.102$，类别、双手和双耳的交互作用不显著，$F(1.28)=1.63$，$P=0.212$。

识别［d］、［t］的双手、双耳主效应不显著，类别和双手，类别和双耳，双手和双耳，类别、双手和双耳的交互作用均不显著，$F<1$。类别主效应显著，$F(1.27)=6.738$，$P=0.015<0.05$，［d］的正确反应时间显著地高于［t］。

识别 [g] [k] 的类别主效应显著，$F(1.28) = 4.18$，$P = 0.05$，[g] 的反应时间显著高于 [k] 的反应时间。双手、双耳主效应不显著，$F < 1$。

(2) 词尾清浊辅音的识别

识别 [b]、[p] 的双手、类型主效应不显著，类别和双手交互作用不显著，类别、双手和双耳的交互作用不显著，$F < 1$。双耳主效应不显著，$F(1.28) = 3.852$，$P = 0.06$。

识别 [g]、[k] 的双手、类别的主效应不显著，双耳主效应不显著，$F < 1$。

识别 [d]、[t] 的类别主效应显著，$F(1.28) = 4.34$，$P = 0.046 < 0.05$，[t] 的正确反应时间显著地低于 [d]。双手、双耳主效应不显著。类别和双手交互作用不显著，类别、双手和双耳的交互作用不显著，$F < 1$。类别和双耳交互作用不显著，$F(1.28) = 1.34$，$P = 0.256$。双手和双耳交互作用不显著，$F(1.28) = 2.15$，$P = 0.153$。

根据实验设计②"位置（前、后）×双手（左、右）×双耳（左、右）"的统计分析显示：

识别 [g] 位置的主效应显著，$F(1.28) = 5.30$，$P = 0.029$。词尾 [g] 的反应时间显著长于词首的 [g]。双手、双耳主效应不显著，$F < 1$。识别 [k] 位置的主效应显著，$F(1.28) = 12.65$，$P = 0.001$，词尾 [k] 的反应时间显著长于词首的 [k]，双手、双耳主效应不显著，$F < 1$。识别 [b]、[p]、[d]、[t] 双手、双耳和位置主效应均不显著，$F < 1$。

由上面的统计，在正确反应时间上可以得出以下结果：

（1）在左手作为反应手的情况下，大脑右半球是识别词首的［b］、［p］的优势脑半球。词首［g］的识别显著高于词首［k］识别的反应时间，词首［d］的识别正确反应时间显著地高于词首的［t］。

（2）大脑左、右半球识别词尾［d］的反应时间快于识别［t］的反应时间。

（3）词尾［g］、［k］识别的反应时间显著长于词首［g］、［k］。

由以上英语清、浊塞音的错误率和反应时间两个维度的分析可得出如下结果：

（1）词首［g］的错误率显著高于词首［k］的错误率。

（2）词尾［g］的错误率显著高于词尾［k］的错误率。

（3）词尾［t］、［g］、［k］的错误率显著高于词首的［t］、［g］、［k］。

（4）在左手作为反应手的情况下，大脑右半球是识别词首［b］、［p］的优势脑半球。词首［g］的反应时间显著长于词首［k］的反应时间，词首［d］识别的正确反应时间显著地长于词首［t］的正确反应时间。

（5）大脑左右半球识别词尾［d］的反应时间快于词尾［t］的反应时间。

（6）词尾［g］、［k］识别的反应时间显著长于词首［g］、［k］。

4. 结论

由上面的实验结果发现，在 10 岁左右开始学习英语的中国英语后期学习者，在识别英语词首和词尾的清浊塞音时没有显示出整齐的清浊识别的规律。本节的结果表明，英语后期学习者的词首和词尾清浊间的识别表现出如下与小类有关的习得序列规律：无标记的清塞音＜有标记浊塞音（g＜k，d＜t），但b、p外，这表明了发音部位与无标记成分习得的先后序列有关。

第四章

第二语言学习者元音感知能力的发展

音节组成成分在识别时起到的作用是不一样的，有关辅音和元音在语音感知中孰轻孰重的问题已在辅音感知的章节中介绍过，这里不再重复。

Polka 和 Werker（1994）发现，婴儿在 6 个月大的时候就开始适应母语元音的差异，这种适应一直持续发展到 6~8 个月甚至 10~12 个月。这表明语言经验对元音影响的时间早于对辅音影响的时间。

本章分两节来检测和考察以下三个问题：一是可加工性机制理论（PT）到底何时起作用。该理论认为"语言加工程序等级的一个重要启示是，在二语习得过程中，母语特征的迁移受语言加工能力的制约，只有当学习者的语言发展到一定程度，其语言加工程序能够处理相关的语言结构时，母语迁移才会发生"。二是辅元音节组合模式的差别是否对感知有影响。三是无目标语经验的中国大学生和初级法语或德语学习者是否共同遵循着感知的一个标记原则：无标记元音＜有标记元音。

第一节　法语元音的感知

一、引言

　　吴瑶（2018）指出："法国对外法语（FLE）教学模式与中国法语教学十分不同，突出表现在语音教学阶段。前者以《欧洲语言共同参考框架》为准则，将语音学习目标确定为完成任务和具备能力"（Conseil de l'Europe，2000）。作者的研究结果表明："在发音产出上，学习者发音有明确朝向目的语的趋势，甚至出现了越位的现象。但元音感知上，外语学习者表现出围绕母语原型的趋势"（吴瑶，2018：116）。

　　在国内法语元音教学辅导材料中，一般认为，以汉语为母语的法语学习者学习法语的元音［y］和［ø］，［ø］和［œ］，［æ̃］和［ã］，［ã］和［õ］等在发音时容易混淆，［y］、［ø］和［œ］是前元音，差异是舌位的高低。［ã］和［õ］是后元音、鼻化元音，差异也是舌位的的高低。［œ］和［æ̃］舌位高低一样，舌位前后和鼻化有别。在以上六个元音中，除法语元音［y］与汉语的元音［y］，法语的［ã］与汉语的［a］，［o］和［õ］是相似音外，其余的是陌生元音。已有的研究表明："第二语言语音感知和产出的质量依赖于第二语言和第一语言的相似度"（Best，1994，Best et al，2001，Flege，1991，1995）。

　　本文所说的初级法语学习者是学习英语约八年之后通过高考进入法语系学习法语以汉语为母语的法语学习者。

　　"目前两个流行的跨语言感知模型是感知同化理论（Perceptual Assimilation Model：Best，1993 简称 PAM）和言语学习模型（Speech Learning Model：Flege，1986）"，正如 Strange et al.（1998）所说："两个理论都有两个相关的假设：被第二语言和第一语言同化了的语言片段显著地影响着第二语言语言片段的感知。因此对比分析第一语言和第二语言的语言片段，语音或语言间的区别特征层总结得太抽象以至于不能捕捉语言间的重要联系。""因此两个模型做了很相似的预言，无论如何，当解释感知第二语言语音的难易时，PAM 认为：当感知非母语言语片段时，感知者可以同化到母语范畴中（或好或差），把他们感知为不能范畴化的话语语音成分，或者是非语言成分（噪音）。"因此母语磁吸理论基于范畴理论使用 AXB 的强制选择法研究有无法语经验的美国成年人感知法语元音 [u]–[y]，[œ]–[u]，[i]–[y]，[i]–[u]，[i]–[œ] 的情况，结果表明在感知 [œ]–[u]，[i]–[y] 和 [i]–[œ] 时，有语言经验组比无语言经验组好（经验组错误率：5%，非经验组错误率：24%），[u]–[y] 无差别。基于原型理论的母语磁吸理论则认为（Kuhl，1991）在元音的声学空间中，典型的接近原型的语音成分区别性下降。更进一步的研究表明：与母语相似的语音成分优先得到识别。"但一些学者基于原型的元音感知实验认为：典型类型在不同话语语境中是不固定的。"Frieda、Walley，Flege、Sloane（1999）认为，"在原型（原型样例）定位方面缺乏共识。"

基于语音成分的频域和时域特征的语言实验研究发现："成年人对非本族语元音感知的研究表明，如果他们没有足够的区分相似语音范畴的频域的经验，他们会利用时域线索区别元音对子（vowel contrasts）"（Bohn、Flege，1990；Bohn，1995；Flege *et al*，1997）。

本书通过听感测试观察无法语经验的中国大学生和初级法语习得者对法语元音的感知情况，所用语料是自然发音语料。

二、资料和方法

（一）实验对象

（1）以非随机任意抽样法抽取法语基础为零并且学习法语 14 周的 21 名法语系学生，这些学生平均年龄是 18 岁。入学外语考试语种是英语，入大学后才进入法语系学习法语。（2）27 名无法语经验的中国大学生。所有被试视力或矫正视力正常，听力正常，经李心天中国人左右利手调查表测试为右利手。

（二）实验材料和实验程序

实验刺激材料是法语的六个元音 [y]、[ø]、[œ]、[æ̃]、[ã] 和 [õ] 以及用这六个元音和辅音组合而成的辅元组合，音节的录音来自《法语快速入门》的录音，每个音节为 .wav 格式，44100Hz，16bit 量化，单声道，用 cooleditpro2.0 标准化为 75dB，300ms。

实验程序借鉴 Passarotti 和 Banich 等以及蔡厚德等的双耳分听刺激呈现范式，把呈现材料按下列情况匹配：

左右耳匹配		左右耳匹配	
左耳	右耳	左耳	右耳
白噪音	[ly]	[ly]	白噪音
白噪音	[y]/[ø]/[œ]/[æ̃]/[ã]/[õ]	[y]/[ø]/[œ]/[æ̃]/[ã]/[õ]	白噪音

每组测试材料有 5 个辅元音组合，元音音素和辅元组合出现的顺序为先、后两种，每个辅元组合出现在左耳或右耳各 2 次，每组测试单词出现在左耳或右耳各 10 次，每组测试材料分别分前、后出现，分匹配和不匹配两种类型共 40 个测试项，另有 40 个填充测试项。实验材料中的法语元音共振峰数据列如下表 4 - 1，表 4 - 1 是辅元音节中元音（目标元音）的共振峰数据，表 4 - 2 是法语单元音（启动元音）共振峰数据。

（三）实验过程

以测试法语"［y］［ø］"为例说明实验过程。法语［y］［ø］实验材料因左、右反应用手的不同分为两组实验材料。实验时，首先会在屏幕中央出现一个注视点" + "作为提醒被试注意听音的符号，注视点" + "消失后，接着在左耳和右耳同时出现一个白噪音和一个元音音素（启动元音），如"［y］"，1000ms 之后，在左耳和右耳同时出现的一个白噪音和一个法语辅元（目标元音）组合，如："la"，元音音素和法语辅元组合呈现于耳朵的左或右同一侧。白噪音和元音音素或单词同长，之后有1500ms 的判断时间，让被试判断后出现的辅元组合里没有先出现的元音音素。所有六个元音的实验材料分四组测试组并按反应左右手的不同用拉丁方的方式排列分为八个 block，每个 block 之间可自由休息。

（四）实验设备

联想台式计算机，15 寸液晶显示器，立体声头戴式耳机。

（五）实验设计

类别（舌位高、低或前、后）×耳（左耳、右耳）×手（左手、右手）上面的实验设计是两因素二水平被试内重复测量设计。

表 4-1 法语辅元音节中元音（目标元音）的共振峰数据

元音		起始点（onset）			中间段（mid）			结束段（offset）		
		F1	F2	F3	F1	F2	F3	F1	F2	F3
[y]	平均	281	1489	2315	301	2126	2710	235	1668	2337
	范围	319–253	1971–1176	2662–1999	339–271	2450–2131	3584–2397	248–221	1960–1019	2426–2191
[ø]	平均	371	1615	2331	383	1532	2557	375	1590	2697
	范围	384–332	1709–1512	2020–2754	394–374	1627–1330	2218–2732	360–392	1625–1558	2904–2337
[œ]	平均	532	1614	2945	615	1608	2889	648	1637	2934
	范围	611–446	1738–1547	3133–2861	647–592	1641–1544	3019–2771	778–607	1679–1547	3149–2794
[ɛ̃]	平均	659	1663	2794	604	1224	1565	436	1131	1859
	范围	711–578	1816–1603	3042–2546	576–626	1357–1154	1630–1525	411–337	1278–954	2374–1754
[a]	平均	636	1290	3492	675	978	3153	742	1550	3551
	范围	699–500	1481–1042	3803–3079	692–632	1006–942	3499–2305	774–685	2142–1006	3755–3304
[õ]	平均	403	1360	3065	501	1218	2849	434	1377	2796
	范围	511–322	1822–962	4078–1917	605–407	1508–935	3495–1666	488–393	1626–1083	3269–1728

表 4 - 2　法语单元音（启动元音）共振峰数据

元音	起始点（onset）			中间段（mid）			结束段（offset）		
	F_1	F_2	F_3	F_1	F_2	F_3	F_1	F_2	F_3
[y]	302	2184	2327	339	2228	2271	238	2148	2465
[ø]	400	1474	2609	377	1572	1756	363	1585	2713
[œ]	752	1584	3008	660	1587	2889	617	1688	2897
[æ̃]	701	1372	1940	594	1248	1553	482	1378	1534
[ɑ̃]	678	1072	3049	728	1125	3778	748	1254	3786
[ɔ̃]	534	1142	2883	563	1533	3063	368	1574	3122

（六）统计学方法

使用 SPSS 13.0 无法语经验的中国大学生和对初级法语习得者识别法语元音错误率进行重复测量方差分析（MANOVAs）统计分析，以 P <0.05 表示差异具有显著性。

三、实验结果和分析

（一）实验结果

下面表 4 - 3、表 4 - 4 分别是无法语语言经验的中国大学生和初级法语学习者识别法语元音的正确反应时间和错误率。

表 4 - 3　中国大学生法语元音识别的正确反应时时间（单位：ms）

和错误率（单位：%）（M ± SD）

元音	反应手	左耳		右耳	
		正确反应时间	错误率	正确反应时间	错误率
[y]	左手	1042.09 ± 209.39	10.00 ± 8.43	1065.01 ± 182.50	10.55 ± 7.63
	右手	1047.96 ± 205.67	10.74 ± 7.42	1028.88 ± 205.53	9.81 ± 6.86
[ø]	左手	1114.40 ± 167.31	12.03 ± 6.83	1099.20 ± 177.14	11.29 ± 7.79
	右手	1083.99 ± 149.96	9.62 ± 7.83	1113.17 ± 181.50	10.18 ± 7.40
[œ]	左手	1032.95 ± 247.24	10.92 ± 7.07	1075.46 ± 179.69	9.81 ± 8.14
	右手	1110.38 ± 163.07	9.44 ± 7.25	1024.70 ± 174.52	10.55 ± 8.12
[æ̃]	左手	1044.79 ± 166.48	7.96 ± 7.10	1014.80 ± 171.00	7.77 ± 7.51
	右手	1041.08 ± 159.77	9.81 ± 8.14	1027.73 ± 185.86	9.62 ± 8.07
[ɑ̃]	左手	1029.21 ± 180.20	10.18 ± 6.86	1073.64 ± 189.67	7.59 ± 7.25
	右手	1083.64 ± 175.27	8.33 ± 7.59	1100.63 ± 169.86	8.70 ± 7.28

元音	反应手	左耳		右耳	
		正确反应时间	错误率	正确反应时间	错误率
[ð]	左手	1112.68 ± 123.49	14.81 ± 8.26	1128.18 ± 145.03	12.59 ± 9.44
	右手	1151.56 ± 112.64	12.22 ± 9.43	1075.14 ± 203.21	13.70 ± 8.61

表 4 - 4　初级法语学习者法语元音识别的正确反应时
时间（单位：ms）和错误率（单位：%）（M ± SD）

元音	反应手	左耳		右耳	
		正确反应时间	错误率	正确反应时间	错误率
[y]	左手	1215.89 ± 212.09	4.00 ± 5.28	1236.50 ± 239.93	4.00 ± 4.76
	右手	1137.01 ± 226.06	3.75 ± 5.09	1175.18 ± 246.56	4.25 ± 6.34
[ø]	左手	1274.12 ± 292.85	5.75 ± 6.12	1182.17 ± 254.15	4.00 ± 5.75
	右手	1209.70 ± 277.95	2.25 ± 3.79	1205.26 ± 220.04	2.25 ± 3.79
[œ]	左手	1196.03 ± 229.26	6.50 ± 7.27	1183.76 ± 241.74	5.50 ± 6.26
	右手	1256.42 ± 278.15	7.50 ± 9.1	1283.42 ± 315.10	5.25 ± 6.58
[æ̃]	左手	1192.73 ± 281.44	4.5 ± 6.46	1232.90 ± 222.72	5.50 ± 6.46
	右手	1146.52 ± 336.37	4.75 ± 5.72	1207.03 ± 274.81	5.0 ± 5.38
[ã]	左手	1259.58 ± 251.37	9.25 ± 5.68	1243.04 ± 214.18	6.0 ± 5.28
	右手	1248.63 ± 298.21	7.25 ± 6.58	1276.84 ± 278.81	3.50 ± 4.6
[õ]	左手	1351.71 ± 252.74	6.75 ± 8.92	1344.09 ± 292.63	8.25 ± 9.49
	右手	1283.30 ± 250.38	5.0 ± 6.48	1233.72 ± 218.27	7.25 ± 9.5

（二）实验分析

1. 无法语经验中国大学生对法语元音的感知

下面从错误率和正确反应时间上对表 4 - 3 的数据进行统计，表 4 - 3 中的错误率是小类中每个元音的错误数除每组测试项总数。

（1）无法语经验的中国大学生感知法语元音的错误率

① ［y］和［ø］

类别主效应不显著，双耳主效应不显著，$F<1$。双手主效应不显著，$F(1.26)=1.47$，$P=0.243$。类别和双耳的交互作用不显著，双耳和双手交互作用不显著，$F<1$。类别、双手和双耳交互作用不显著，$F(1.26)=1.79$，$P=0.192$。

② ［ø］和［œ］

类别主效应不显著，双耳主效应不显著，$F<1$。双手主效应不显著，$F(1.26)=1.17$，$P=0.199$。类别和双耳的交互作用不显著，双耳和双手交互作用不显著，类别、双手和双耳的交互作用不显著，$F<1$。双耳和双手交互作用不显著，$F(1.26)=1.89$，$P=0.18$。

③ ［æ̃］和［ã］

双手主效应不显著，$F(1.26)=1.15$，$P=0.294$。类别和双耳的交互作用不显著，类别、双耳主效应不显著，$F<1$。类别和双手交互作用不显著，$F(1.26)=2.05$，$P=0.164$。双耳和双手交互作用不显著，$F(1.26)=2.85$，$P=0.103$。类别、双手和双耳的交互作用不显著，$F(1.26)=1.32$，$P=0.261$。

④ ［õ］和［ã］

类别主效应显著，［ã］识别的错误率低于［õ］，$F(1.26)=7.35$，$P=0.012$。双耳和双手交互作用显著，$F(1.26)=6.78$，$P=0.015$。在左耳听音，右手作为反应手时错误率显著低于左手作为反应手的错误率，$F(1.26)=5.47$，$P=0.027$。双耳主效应不显著，$F(1.26)=1.17$，$P=0.289$。双手主效应不显著，类别和双手交互作用不显著，类别和双耳交互作用不显著，类别、双手和双耳交互作用不显著，$F < 1$。

（2）无法语经验的中国大学生感知法语元音的正确反应时间

① [y] 和 [ø]

类别主效应不显著，$F_{(1.18)} = 8.12$，$P = 0.011$。双耳主效应不显著，双手、类别和双耳交互作用不显著，类别和双手交互作用不显著，双手和双耳交互作用不显著，$F < 1$。类别、双手和双耳交互作用不显著，$F_{(1.20)} = 1.35$，$P = 0.26$。

② [ø] 和 [œ]

类别主效应不显著，$F_{(1.17)} = 3.39$，$P = 0.084$。双耳主效应不显著，双手主效应不显著，$F < 1$。类别和双耳交互作用不显著，双耳和双手交互作用不显著，$F < 1$。类别、双手和双耳交互作用不显著，$F_{(1.17)} = 2.58$，$P = 0.128$。

③ [æ̃] 和 [ɑ̃]

类别主效应显著，[æ̃] 识别的正确反应时间显著低于 [ɑ̃] 识别的正确反应时间，$F_{(1.25)} = 5.69$，$P = 0.025$。双耳、双手主效应不显著，类别、双手和双耳交互作用不显著，双耳和双手交互作用不显著，$F < 1$。类别和双耳交互作用不显著，$F_{(1.25)} = 1.55$，$P = 0.225$。类别和双手的交互作用不显著，$F_{(1.25)} = 2.12$，$P = 0.158$。

④ [õ] 和 [ɑ̃]

类别主效应显著，[ɑ̃] 识别的正确反应时间显著低于 [õ] 的正确反应时间，$F_{(1.12)} = 4.94$，$P = 0.046$。双耳和双手的交互作用显著，$F_{(1.12)} = 8.29$，$P = 0.001$。在左手作为反应手时，右耳（大脑左半球）的正确反应时间明显低于左耳（大脑右半球）的反应时间，F

$(1.12)=4.55$，$P=0.05$。双耳主效应不显著，双手主效应不显著，$F<1$。类别、双手和双耳交互作用不显著，$F<1$。类别和双手的交互作用显著，$F(1.12)=8.29$，$P=0.0014$。在左手作为反应手的情况下，[ã] 的正确反应时间显著低于 [õ]，$F(1.12)=7.00$，$P=0.021$。

（3）结论

由以上对无法语经验中国大学生法语元音识别错误率的统计可知：

① [ã] 识别的错误率低于 [õ]，[ã] 识别的正确反应时间显著低于 [õ] 的正确反应时间，[æ̃] 识别的正确反应时间显著低于 [ã] 识别的正确反应时间。

②当左耳感知 [ã] 和 [õ] 时，右手作为反应手错误率显著低于左手作为反应手的错误率。在左手作为反应手时，右耳（大脑左半球）[õ] 和 [ã] 感知的正确反应时间明显低于左耳（大脑右半球）的反应时间。

③ [y] 和 [ø] 差异不显著，[ø] 和 [œ] 接近显著水平。

2. 初级法语习得者对法语元音的感知

（1）初级法语学习者法语元音感知的错误率

① [y] 和 [ø]

双手主效应不显著，$F(1.20)=2.39$，$P=0.138$。类别和双耳交互作用不显著，$F(1.20)=3.41$，$P=0.081$。类别主效应显著，双耳主效应不显著，类别和双手交互作用不显著，双耳和双手交互作用不显著，类别、双手和双耳交互作用不显著，$F<1$。

② [ø] 和 [œ]

双耳主效应显著，$F(1.20)=4.41$，$P=0.049$，右耳（大脑左半球）识别的错误率显著低于左耳（大脑右半球）。双手主效应不显著，

F（1.20）= 2.23，P = 0.154。类别和双手的交互作用接近显著水平，F（1.20）= 4.24，P = 0.054。类别主效应不显著，双耳和双手交互作用不显著，类别和双耳的交互作用不显著，$F < 1$。类别、双手和双耳的交互作用不显著，F（1.20）= 2.18，P = 0.156。

③ [æ̃] 和 [ã]

类别主效应不显著，F（1.20）= 2.54，P = 0.127。双耳主效应不显著，F（1.20）= 3.53，P = 0.076。双手主效应不显著，F（1.20）= 1.76，P = 0.2。类别和双耳交互作用显著，F（1.20）= 6.37，P = 0.021。在左手作为反应用手，左耳听音的情况下，[æ̃] 的错误率低于 [ã]，F（1.20）= 6.73，P = 0.018。类别和双手交互作用不显著，F（1.20）= 1.65，P = 0.215。双耳和双手交互作用不显著，类别、双手和双耳的交互作用不显著，$F < 1$。

④ [õ] 和 [ã]

双手主效应显著，F（1.19）= 4.73，P = 0.042，右手作为反应手的错误率显著低于左手。类别和双耳交互作用显著，F（1.19）= 9.42，P = 0.006。[ã] 识别的大脑右半球是优势脑半球，F（1.19）= 9.45，P = 0.006。类别主效应不显著，双耳主效应不显著，类别、双手和双耳的交互作用不显著，双耳和双手交互作用不显著，类别和双耳的交互作用不显著，$F < 1$。类别和双手交互作用不显著，F（1.18）= 2.03，P = 0.171。

（2）初级法语学习者感知法语元音的正确反应时间

① [y] 和 [ø]

类别主效应不显著，F（1.20）= 1.28，P = 0.271。双耳主效应不

显著，F（1.20）$=0.09$，$P=0.762$。双手主效应不显著，F（1.20）$=$ 2.22，$P=0.153$。类别和双耳交互作用不显著，F（1.20）$=1.89$，$P=$ 0.185。类别和双手交互作用不显著，$F<1$。双耳和双手交互作用不显著，F（1.20）$=1.46$，$P=0.241$。类别、双手和双耳交互作用不显著，F（1.20）$=0.46$，$P=0.504$。

② ［ø］和［œ］

类别主效应不显著，双手主效应不显著，双耳主效应不显著，类别、双手和双耳交互作用不显著，$F<1$。类别和双耳交互作用不显著，F（1.20）$=1.07$，$P=0.313$；类别和双手交互作用不显著，F（1.20）$=1.60$，$P=0.221$；双耳、双手交互作用不显著，F（1.20）$=1.51$，$P=0.234$。

③ ［æ̃］和［ã］

类别主效应不显著，F（1.20）$=3.49$，$P=0.077$。双耳主效应不显著，F（1.20）$=1.68$，$P=0.211$。双手主效应不显著，类别和双耳交互作用不显著，类别和双手交互作用不显著，双耳和双手交互作用不显著，类别、双手和双耳交互作用不显著，$F<1$。

④ ［õ］和［ã］

类别主效应不显著，F（1.19）$=1.99$，$P=0.175$。双手主效应不显著，F（1.19）$=1.81$，$P=0.194$。类别和双手交互作用不显著，F（1.19）$=3.04$，$P=0.097$，双耳主效应不显著，类别和双耳交互作用不显著，双耳和双手交互作用不显著，$F<1$。类别、双手和双耳交互作用不显著，F（1.19）$=1.08$，$P=0.311$。

（3）结论

初级法语学习者经过 14 周的学习之后的感知测试显示：

①成对元音两两之间在错误率或反应时间上均未显示出显著的差别。

②识别 [ø] 和 [œ] 的优势脑半球是大脑左半球，识别 [ã] 的优势脑半球是大脑右半球。

③在左手作为反应手，左耳听音的情况下，[æ̃] 的错误率低于 [ã]。

④在感知 [õ] 和 [ã] 时，右手作为反应手时的错误率显著低于左手作为反应手的错误率。

（4）讨论

引言中提到"第二语言语音感知和产出的质量依赖于第二语言和第一语言的相似度。"声学实验研究表明，初级法语习得者元音"习得顺序大体是：非常相似元音 > 相似元音 > 新元音，即 i、y > a、u > o、ɔ、e、ɛ"（高玉娟、石锋，2006）。本文所用实验材料中的，法语的 [y] 和汉语的 [y] 是相似元音，法语 [ã] 和汉语 [a] 或 [aŋ] 相似。

从上文所用的实验材料看，汉语普通话中没有前、半高元音 [ø]，无法语经验的中国大学生在识别 [y] 和 [ø] 差异不显著，由此可知母语对目标语未产生影响。由 [y] 和 [ø] 感知的差异不显著以及 [ø] 和 [œ] 接近显著水平可知，在前元音的感知识别上，舌位的高低影响不大。识别 [æ̃] 和 [ã]，[õ] 和 [ã] 呈显著差异说明，后元音以及后元音舌位高低是影响无法语经验的汉族人感知上的因素。没有法语经验的中国大学生法语元音的习得序列是：前元音的习得先于后元音。

经过 14 周法语学习的初级法语学习者，虽然上列成对元音两两之间在错误率或反应时间上均未显示出显著的差别，但正确率明显高于无法语语言经验的中国大学生，感知 [ø] 和 [œ]、[æ̃] 和 [ɑ̃]、[ɔ̃] 和 [ɑ̃] 之间的差异在某一条件下依然存在。由此可知，无法语经验的中国大学生和法语初级学习者，都存在感知 [ø] 和 [œ]、[æ̃] 和 [ɑ̃]、[ɔ̃] 和 [ɑ̃] 的困难。

基于标记理论的研究成果发现，"法国儿童先掌握口元音，然后才学会鼻化元音；土耳其儿童一般先学会前高展唇元音，后学会前高圆唇元音。"（李兵，1990）。口元音和高展元音是无标记的，而鼻化元音是有标记的，无法语经验的中国大学生和初级法语学习者在感知法语的前元音和后元音以及鼻化元音时的序列是无标记元音＜有标记元音，只不过法语初级学习者在学习法语 14 周后这种无条件的感知差别发展为有一定条件的感知差别。

5. 结论

上面的统计分析显示：

（1）从舌位高低和舌位前后看，法语后元音感知受母语的影响大于前元音。也就是前元音的习得先于后元音。无标记元音＜有标记元音。

（2）上面的实验结果还显示无法语经验的汉族人大脑两半球联合加工识别法语元音。根据大脑偏侧化理论，对于加工需求较高时，两半球联合加工（Banich，1998）。而经过 14 周的法语学习，初级法语学习者出现了在某一条件下的脑偏侧化现象，这一现象也部分证明了"阶段假设"现象，但与前人研究不同的结果是，这些元音音素的脑偏侧化是不平衡的。

第二节　德语元音感知能力的发展

一、引言

上文测试了无法语经验和初级法语学习者对四组易混淆法语元音的感知，发现元音舌位高低对无法语语言经验的被试有影响，上面的实验设计是较为简单的法语 VC 结构，元音在音节末尾，容易成为加工注意的焦点。下面使用自然朗读的德语单词 CVC 结构，首先对学习了 16 周德语的初级德语学习者五组德语单词中的元音进行了感知测试，然后使用其中包含与汉语有高度相似元音的三组德语单词测试了无任何德语经验的中国大学生的感知德语元音的情况，以此来审视母语磁吸理论、可加工性机制理论以及语言类型学标记理论。

二、资料和方法

1. 实验对象

以非随机任意抽样法抽取德语基础为零并且学习德语 16 周的 43 名德语系学生，这些学生平均年龄是 18 岁。英语高考成绩除两名外，其余最低分 121 分，最高分 146 分。德语是他们学习的第三语言。所有被试视力或矫正视力正常，听力正常，经李心天中国人左右利手调查表测试为右利手。

2. 实验材料和实验程序

实验材料共五组：

（1）［yː］、［y］、（2）［uː］、［yː］（3）［iː］、［yː］（4）［u］、［y］（5）［i］、［y］以及包含这五组元音的德语辅元组合。

（1）　［yː］、　［y］：Kühl – kürze、Güte – Gürte、Süden – sünde、Hühner – hüntte、Lüge – Lücken、Brühe – brüllen。

（2）［uː］、［yː］：Kuhl – kühe、mut – mühe、buch – bücher、lugen – Lügen、suchen – Süden、tuch – tücher。

（3）　［iː］、　［yː］：Ziege – züge、dienen – düsen、kriege – krüge、miene – müde、wiegen – wüten、liege – Lüge。

（4）［u］、［y］：kunden – künden，bund – bünde、dunst – dünste、mutter – mütter、nuss – nüsse、fluss – flüsse。

（5）［i］、［y］：kuh – kühe、linke – lüke、dinge – düngen、kissen – küssen、binde – bünde、minde – münde。

这些单词的录音来自来自庄慧丽，穆兰《德语语音》，（2015）。每个单词格式化为. wav 格式，44100Hz，16bit 量化，单声道，用 cooledit-pro2. 0 标准化为 75dB，根据单词的音节结构和平均音长的测算并依据听感上的自然度，CVC 结构的标准化为 400ms。具体每一组辅音组合中的德语元音共振峰数据列如下表 4 – 5。

表 4 - 5　德语测试单词中元音（目标元音）的声学特征

元音		时长	起始点（onset）			中间段（mid）			结束段（offset）		
			F1	F2	F3	F1	F2	F3	F1	F2	F3
[y:]	平均	178	200	1568	2242	228	1643	2054	228	1544	2317
	范围	100 - 370	230 - 188	1716 - 1311	1900 - 2527	299 - 183	1430 - 1809	1713 - 2724	164 - 277	1400 - 1837	1593 - 2623
[y]	平均	63	311	1544	2380	355	1524	2344	301	1370	2427
	范围	60 - 90	230 - 425	1368 - 1736	2465 - 2242	255 - 433	1426 - 1632	2236 - 2343	243 - 397	1224 - 1471	2324 - 2477
[u:]	平均	200	283	1052	2215	313	846	2250	326	845	2407
	范围	110 - 330	212 - 416	632 - 1380	469 - 2569	404 - 247	600 - 1635	1221 - 2874	269 - 396	613 - 1105	2190 - 2704
[y:]	平均	140	286	1568	2079	297	1478	1974	294	1530	1976
	范围	110 - 180	264 - 319	1330 - 1681	1528 - 2507	214 - 322	1125 - 1861	1674 - 2499	256 - 351	1134 - 1563	1593 - 2498
[i:]	平均	160	211	1784	2304	224	2013	2681	223	2033	2569
	范围	100 - 190	169 - 256	1802 - 1969	1952 - 2549	209 - 239	1952 - 2030	2221 - 2831	192 - 249	978 - 2170	2131 - 2851
[y:]	平均	150	225	1562	2197	197	1715	2059	203	1682	2212
	范围	90 - 180	192 - 259	1002 - 1735	2027 - 2380	169 - 228	1642 - 1760	1972 - 2266	201 - 214	1589 - 1801	1964 - 2482
[i]	平均	45	273	1724	2356	293	1864	2460	325	1888	2524
	范围	30 - 70	235 - 304	1326 - 1842	1942 - 2579	261 - 302	1594 - 1996	2168 - 2648	250 - 444	2112 - 1558	2399 - 2623
[y]	平均	56	251	1605	2209	286	1641	2256	292	1683	2333
	范围	30 - 100	171 - 274	1498 - 1813	1608 - 2445	198 - 332	1522 - 1839	1981 - 2483	178 - 473	1529 - 1802	1903 - 2492
[u]	平均	70	452	905	1285	466	988	1182	405	1090	1195
	范围	30 - 110	507 - 371	557 - 1177	1448 - 1281	420 - 519	731 - 1245	1222 - 2399	346 - 512	799 - 1304	1418 - 2295
[y]	平均	60	348	1009	1762	438	1060	1788	392	1253	2174
	范围	40 - 80	204 - 407	857 - 1498	1518 - 2368	288 - 502	764 - 1588	1586 - 2428	278 - 522	408 - 1777	1745 - 2831

表 4 - 6　德语单元音（启动元音）的声学参数

元音	起始点（onset）			中间段（mid）			结束段（offset）		
	F1	F2	F3	F1	F2	F3	F1	F2	F3
[i]	447	1859	2801	545	1825	2690	391	1780	2453
[y]	226	1734	2228	183	1763	2184	230	1701	1992
[u]	341	551	2226	290	700	2281	230	664	2314
[i:]	238	1200	2639	277	1327	2702	317	1146	1530
[y:]	200	1701	2163	205	1683	2028	201	1706	2232
[U:]	249	424	2276	253	771	2141	296	552	2291

实验程序借鉴 Passarotti 和 Banich 等以及蔡厚德等的双耳分听刺激呈现范式，把呈现材料按下列情况匹配。

左耳右耳匹配		左耳右耳匹配	
左耳	右耳	左耳	右耳
白噪音	kühl／［y：］	kühl／［y：］	白噪音
白噪音	［y：］／kühl	［y：］／kühl	白噪音

每组测试材料有 6 个德语单词，元音音素和单词出现的顺序为先、后两种，每个单词出现在左耳或右耳各两次，每组测试单词出现在左耳或右耳共 12 次，每个元音分别分匹配和不匹配两种类型共 24 个测试项，另有 24 个填充测试项。每组 48 个测试对，48 个填充对。

第一组 21 名被试测听 1～3 组实验材料，第二组 22 名测听上面 4～5 组实验材料。

3. 实验过程

以测试德语元音"［y］、［y：］"为例说明实验过程。每组实验材料因左、右反应用手的不同分为两小组测听材料。实验时，首先会在屏幕中央出现一个注视点"＋"作为提醒被试注意听音的符号，注视点"＋"消失后，接着在左耳和右耳同时出现一个白噪音和一个启动元音提示音素，如"［y］"或德语单词 kühl，1000ms 之后，在左耳和右耳同时出现的一个白噪音和一个德语单词（目标元音），如"［y］"或 kühl。元音音素和德语单词呈现于耳朵的左或右同一侧，白噪音和元音素或单词同长，之后有 1500ms 的判断时间，让被试判断后出现的德语单词中的元音是否与听到的元音是同一个元音。所有五组实验材料按反

应手和音素类别的不同用拉丁方的方式排列分为 10 个 block，每个
block 之间可自由休息。

（4）实验设备

联想台式计算机，15 寸液晶显示器，立体声头戴式耳机。

（5）实验设计

类别（长、短/前、后）×双耳（左耳、右耳）×双手（左手、右
手）三因素二水平被试内重复测量设计。

（6）统计学方法

使用 SPSS 13.0 对初级德语习得者识别元音错误率进行重复测量方
差分析（MANOVAs）统计分析，以 $P < 0.05$ 表示差异具有显著性。

三、实验结果和分析

表 4-7　初级德语学习者德语元音识别的错误率 （M±SD）（单位：%）

元音	反应手	左耳	右耳
[y:]	左手	13. 37 ±6. 32	11. 19 ±6. 41
	右手	12. 93 ±6. 58	10. 75 ±5. 80
[y]	左手	20. 97 ±3. 84	20. 62 ±3. 71
	右手	17. 56 ±7. 56	18. 88 ±5. 19
[i:]	左手	14. 77 ±7. 16	14. 94 ±6. 73
	右手	12. 41 ±7. 38	12. 84 ±6. 80
[y:]	左手	12. 95 ±7. 26	11. 59 ±6. 38
	右手	13. 63 ±6. 11	13. 40 ±6. 66

元音	反应手	左耳	右耳
[i]	左手	22.63 ± 2.21	22.47 ± 2.09
	右手	22.02 ± 4.88	21.42 ± 5.15
[y]	左手	23.58 ± 2.50	23.15 ± 2.67
	右手	23.58 ± 2.31	22.86 ± 2.79
[u]	左手	12.82 ± 7.33	14.37 ± 6.16
	右手	12.36 ± 7.08	13.27 ± 6.07
[y]	左手	17.38 ± 5.09	18.92 ± 4.78
	右手	16.90 ± 6.60	19.28 ± 4.81
[u:]	左手	10.16 ± 5.86	10.71 ± 5.62
	右手	9.15 ± 6.34	10.16 ± 7.12
[y:]	左手	11.16 ± 8.18	13.09 ± 7.43
	右手	11.16 ± 6.81	11.45 ± 7.80

1. ［y:］和［y］

类别主效应不显著，［y:］识别的错误率低于［y］，$F(1.20)=43.76$，$P=0.00$。双耳主效应显著，右耳（大脑左半球）识别［y:］和［y］的错误率低于左耳（大脑右半球）识别［y:］和［y］的错误率，$F(1.20)=5.65$，$P=0.028$。双手主效应不显著，类型和双耳的交互作用不显著，类型和双手交互作用不显著，双耳和双手交互作用不显著，$F<1$。类型、双手和双耳的交互作用不显著，$F(1.20)=1.14$，$P=0.3$。

2. ［y:］和［u:］

双耳主效应接近显著水平，左耳（大脑右半球）识别［y:］和

[u：] 的错误率低于右耳（大脑左半球）识别 [y：] 和 [u：] 的错误率，F（1.20）=3.39，P=0.081。类别主效应不显著，F（1.20）=2.44，P=0.134。双手主效应不显著，类别和双耳交互作用不显著，类别和双手交互作用不显著，双耳和双手交互作用不显著，类别、双手和双耳的交互作用不显著，$F<1$。

3. [i：] 和 [y：]

类别主效应不显著，F（1.21）=1.01，P=0.326。双耳主效应不显著，双手主效应不显著，双耳和双手交互作用不显著，类别、双手和双耳交互作用不显著，$F<1$。类别和双耳交互作用不显著，F（1.21）=1.64，P=0.214；类别和双手交互作用显著。F（1.21）=7.86，P=0.011。

4. [u] 和 [y]

类别主效应显著，[u] 识别的错误率低于 [y]，F（1.20）=19.13，P=0.00。双耳主效应显著，左耳（大脑右半球）识别 [u] 和 [y] 的错误率低于右耳（大脑左半球），F（1.20）=107.56，P=0.009。双手主效应不显著，类别和双耳交互作用不显著，类别和双手交互作用不显著，双耳和双手交互作用不显著，类别、双手和双耳的交互作用不显著，$F<1$。

5. [i] 和 [y]

类别主效应不显著，F（1.21）=2.42，P=0.135。双耳主效应显著，左耳（大脑右半球）识别 [i] 和 [y] 的错误率高于右耳（大脑左半球）识别的错误率，F（1.21）=5.71，P=0.026。双手主效应不显著，F（1.21）=1.25，P=0.276。类别和双耳交互作用不显著，类别和双手交互作用不显著，双耳和双手交互作用不显著，类别、双手和双耳的交互作用不显著，$F < 1$。

由以上的统计有如下结果：

1. ［y:］和［u:］、［i:］和［y:］、［i］和［y］之间在识别时无差别，［y:］和［y］、［u］和［y］等元音在识别时差异显著。

2. 识别［y:］和［y］、［i］和［y］的优势脑半球是大脑左半球。

3. 识别［y:］和［u:］、［u］和［y］的优势脑半球是大脑右半球。

四、讨论

（一）时域、频域与感知的关系

杨小虎（2011）指出："Bohn（1995）的脱敏假设（desensitization hypothesis）认为，无论听音者具有何种母语背景，如其语言经历难以让其对一些非母语语音有语谱特征上的敏感性，则在区分这些语音时，他们就会依靠时长差异进行辨别。时长之所以比语谱特征更容易凸显，可能是因为其只涉及时间长短，属于单维变化，易加工；而语谱特征的变化往往涉及多个共振峰频率向不同方向改变，不易加工。"上文在讨论法语的元音识别时提到前人的研究认为："成年人对非本族语元音感知的研究表明，如果他们没有足够的区分相似语音范畴的频域的经验，他们会利用时域线索区别元音对子（vowel contrasts）"（Bohn and Flege，1990；Bohn，1995；Flege *et al*.，1997）。

下面分析上文结果（1）与元音的时域和频域之间的关系。

[y:] 和 [y] 在声学特征上，在 F1、F2、F3 中，只有在 F2 上的起点的平均值短略有 0.5 个 bark 的差异，F1、F2 基本一样，但两者在时长上有差异，德语单词中的 [y:] 平均为 178ms，[y] 平均为 63ms，[y:] 比 [y] 长近三倍。因此我们把启动元音的长度标准化为 [y:] 为 500ms，[y] 为 200ms，两者均比测试单词的平均值长近三倍。

在包含 [y:] 的测试单词中，在长度上有三个等级：370ms，160ms，120～100ms；包含 [y] 的有两个等级：90ms～60ms，50ms，从时长和测试单词的错误率看，错误率未随时长的变化而变化，从表面上可推断错误率的提升与单词中的 [y:] 和 [y] 频域的差异有关，进一步对包含 [y] 的德语单词和包含 [y:] 的是否一样的统一性判断的情况分析发现，67% 的被试因超时而被判为错误，12.3% 的被试认为是一样的，由此可知，[y:] 和 [y] 之间的差异是由于 [y] 变体在单词中时长短，被试对单词不熟悉而引起的，而且 [y:] 与 [y] 和单词中的 [y] 的读音在听感上差异确实大，由此可以推断，初级阶段的德语习得者在判断单词中的 [y:] 和 [y] 时，主要依赖于频域信息。"Ocke－Schwen B，Flege J. E（1990）的研究表明，假设使用时域线索并不表示一个依赖于第一语言的感知策略，而是反映了一种通用的语音感知策略，当频域信息不足以识别元音时，时域线索起到补充作用"（杨小虎 2011）。本节的实验说明，在某种条件下，这一观点成立。

上文包含 [i:] 和 [y:] 德语单词中的 [i:] 和 [y:] 在声学特征上，"F2" 之间的差别大约是一个 bark，[i:] 音长均值比 [y:] 长10ms，绝对时长最多相差90ms。由以上统计显示，两者的错误率差异不显著，初级德语习得者对 [y:] 的感知略优于对 [i:] 的感知，这是［y:］和［i:］在频域上的差异造成的，除此之外，考虑德语单词中的［y:］和［i:］时长本身的差异与感知错误率之间的关系，根据德语单词中［i:］和［y:］时长的差异可分为两组，第一组［y:］和［i:］的最短时长比第二组最长时长长 50ms。右耳听音，［i:］190 ~ 160ms 的错误率比 120ms 组的错误率低 12%，左耳听音，［i:］190 ~ 160ms 的错误率比 120ms 组的错误率低 16.5%；右耳听音，［y:］180 ~ 140ms 组的错误率比 90ms 组低 18.1%，左耳听音，［y:］180 ~ 140ms 组的错误率比 90ms 组低 16%。由此可知，［i:］和［y:］除了在频域上使包含［i:］和［y:］的德语词在感知上有差异外，［i:］和［y:］在时长上的差异与错误率也有关系。

下面再看［i］和［y］，［i］和［y］在 F3 上存在差异，［y］音长均值比［i］长 11ms，由以上统计显示，德语单词中的［i］和［y］的识别错误率差异不显著，［i］的感知略优于［y］，这是由于［y］的变体在单词中时长短，被试对单词不熟悉而引起的。

由［i:］和［y:］，［i］和［y］在声学特征上的差异以及听感结果可知，［i:］和［y:］，［i］和［y］两组元音在音长上的优势只是有可能会成为听觉上的优势。

［u］和［y］在 F1、F2 和 F3 上均存在差异，在时长均值上差 10ms，绝对长度最多相差 80ms，由以上统计显示，两者的错误率差异显著，初级德语习得者对［u］的感知优于对［y］的感知。

［u:］和［y:］在 F1、F2 和 F3 上也存在差异，［u:］比［y:］时长平均值长 60ms，绝对长度最多相差 220ms，两者在听觉感知上无显著差异。

由［u］和［y］，［u:］和［y:］之间在音长上的差异发现，如果两者的音长相差大于 60ms 时，［u:］和［y:］在听感错误率上无差别。

由以上分析并结合实验结果部分，得出如下结论：

（1）在感知辅元音节的元音时，元音的音长与感知识别有一定关系。在绝对时长最多相差 80~90ms 的情况下，声学音长的优势可能会成为感知识别的优势，而绝对时长最多相差 220ms 时，［y:］和［u:］的感知识别差异不显著。

（2）大脑左右半球对辅元音节中元音小类识别的半球优势不固定，识别［y:］和［y］，［i］和［y］的优势脑半球是大脑左半球，识别［y:］和［u:］，［u］和［y］的优势脑半球是大脑右半球。

五、无德语经验的中国大学生对德语元音的识别

上文提到，可加工性机制理论（PT）认为："语言加工程序等级的一个重要启示是，在二语习得过程中，母语特征的迁移受语言加工能力的制约，只有当学习者的语言发展到一定程度，其语言加工程序能够处理相关的语言结构时，母语迁移才会发生"（尹洪山、夏秀芳，2018）。

上面对无法语经验的中国大学生法语辅元音节中元音的感知实验发现，法语元音的识别与元音的舌位有关，所使用的感知材料是辅元组合，相对来说，音节结构还是较为简单的。下面使用与测试德语初级学习者一样的德语单词来观察无德语经验的中国大学生对德语单词中元音感知的情况。

（一）资料和方法

1. 实验对象

以非随机任意抽样法抽取德语基础为零的中国大学生 30 名，这些学生平均年龄是 18 岁。无德语语言经验。所有被试视力或矫正视力正常，听力正常，经李心天中国人左右利手调查表测试为右利手。

2. 实验材料

选取上文测试初级德语学习者的第（1）、（3）和（5）组的实验材料和程序，在这三组材料中，德语元音［i］和［y］是与汉语高度相似的两个元音，通过［i］和［y］的感知测试来观察无德语语言经验的中国大学生对与汉语中相似的德语元音的感知情况。而［y:］是［y］的长音，通过对［y:］和［y］感知的测试来观察在频域基本相同的情况下，时域的差别对无德语语言经验的中国大学生感知德语元音［y:］和［y］的影响。

3. 实验结果和分析

无德语语言经验的中国大学生在感知德语元音时比感知辅音时更为困难，被试之间的差异很大，错误率也非常高。

（1）［i］和［y］的识别

德语的［i］和［y］与汉语元音 i 和 y 高度相似，但是无德语语言经验的中国大学生在感知德语元音［i］和［y］时非常困难，［i］右耳识别错误率在 80% 以下的 8 人，错误率在 76% ~ 38%。左耳识别［i］错误率在 80% 以下的 6 人。错误率在 76% ~ 38%。［y］的识别错误率在 80% 以下的 9 人，其中只有 1 人错误率是 35%，其余的错误率均在 50% 以上，比［i］的识别率更低，其余的 22 人属于碰巧的情况。因此下文仅统计这6人识别［i］和［y］的情况，见下表4－8。

（2）［y:］和［y］的识别

在30名被试中，有12名错误率在80%以上，表明其识别陌生语言中的元音［y:］和［y］非常困难。有6名被试错误率在30%以内，其错误率略低于初级德语学习者的水平，在30名无德语语言经验的被试中属于高级水平，其余12名被试的错误率在80% ~ 30%。［y:］和［y］的识别率高于［i］和［y］的识别率。下文仅统计错误率在80% ~ 30%的18人识别［y:］和［y］的情况，见下表4－9。

（3）［i:］和［y:］的识别

30名被试对［i:］和［y:］的识别总体好于前两组。其中有21名被试识别的错误率在30% ~ 80%，下文仅统计这21人识别［i:］和［y:］的情况，见表4－10。

表4－8　无德语经验的中国大学生德语元音［i］、［y］

识别的错误率（单位：%）（M ± SD）

元音	反应手	左耳	右耳
［i］	左手	36. 75 ± 8. 83	38. 03 ± 9. 88
	右手	35. 89 ± 12. 0	35. 89 ± 10. 87
［y］	左手	40. 27 ± 10. 41	44. 44 ± 10. 57
	右手	36. 11 ± 9. 25	42. 36 ± 4. 16

对表4－9的统计显示：类别主效应不显著，双耳的主效应不显著，双手主效应不显著，类型和双手的交互作用显著，类型和双耳的交互作用不显著。双耳和双手交互作用不显著，类型、双手和双耳的交互作用

不显著，$F < 1$。

表4-9　无德语经验的中国大学生德语元音［y］和［y:］

识别的错误率（单位：%）（M±SD）

元音	反应手	左耳	右耳
［y］	左手	41.45±6.12	42.74±4.54
	右手	43.16±5.98	42.31±5.75
［y:］	左手	29.06±9.44	30.56±9.83
	右手	33.97±8.47	32.91±10.65

对表4-8的统计显示：类别主效应显著，［y］识别的错误率显著高于［y:］识别的错误率，$F(1.17) = 27.66$，$P = 0.00$；类型和双手交互作用接近于显著水平，$F(1.17) = 4.01$，$P = 0.06$；进一步的简单效应检测表明：［y:］的识别反应用手是左手时，其错误率低于右手作为反应手，$F(1.17) = 23.83$，$P = 0.0$。

双耳主效应不显著，类型和双耳交互作用不显著，类别、双手和双耳交互作用不显著，$F < 1$。双手主效应不显著，$F(1.17) = 3.38$，$P = 0.084$。双耳和双手交互作用不显著，$F(1.17) = 1.69$，$P = 0.21$。类型、双手和双耳交互作用不显著，$F(1.17) = 2.12$，$P = 0.15$。

表 4 – 10　无德语经验的中国大学生德语元音［i:］和［y:］

识别的错误率（单位：%）（M ± SD）

元音	反应手	左耳	右耳
［i:］	左手	31. 13 ± 14. 07	32. 60 ± 12. 96
	右手	36. 99 ± 10. 91	36. 45 ± 9. 54
［y:］	左手	37. 61 ± 9. 16	40. 00 ± 9. 87
	右手	34. 28 ± 9. 25	40. 47 ± 5. 67

［i:］和［y:］识别的类别主效应不显著，$F (1. 20) = 2. 68$，$P = 0. 17$；双耳主效应显著，$F (1. 20) = 5. 48$，$P = 0. 03$。双手主效应不显著，$F (1. 20) = 2. 49$，$P = 0. 13$；类别和双手的交互作用显著，$F (1. 20) = 8. 18$，$P = 0. 01$；类别和双耳交互作用不显著，$F (1. 20) = 3. 23$，$P = 0. 088$；双耳和双手交互作用不显著，$F < 1$。类别、双手和双耳的交互作用不显著，$F (1. 20) = 2. 12$，$P = 0. 15$。简单效应检测显示：当右手作为反应用手，［i:］和［y:］识别的优势大脑是大脑右半球，$F (1. 20) = 5. 48$，$P = 0. 030$。

由以上对表 4 – 5 统计分析的结果可知，在陌生语言元音的识别任务中，部分证明有"语言加工程序等级"现象的存在，但是还有被试个体上的差异，"人不能感知某些非母语对比语音，并非是感觉缺失造成的，而是以母语的语音范畴为参照对感知能力重新组织的结果，也可能是由于注意机制作用，言语声学特征突出程度的相对变化造成的"（刘振前、时小英，2002）。另外音节划分的语音意识强弱也影响到被试是否能识别音节中的音素，同时也证明了如果在时长相同的情况下，仅依据频域信息的加工比依据时域和频域信息加工更难。通过对陌生语言——德语元音以及之前的对陌生语言——德语辅音识别的情况看，二语习得者对陌生语言中辅音的识别先于并优于对元音的识别，这有别于儿童对元音识别的优势先于辅音显现。

另外上面的分析也说明可加工性机制理论在学习陌生语言的初始阶段是起作用的，当第二语言学习者处于学习陌生语言的初始阶段时，即使是与母语高度相似的语素，其识别也是困难的，这也说明基于原型的识别可能是有条件的。

基于语言类型学的标记理论认为，"无标记项出现的频率比有标记项的高。音段在自然语言中出现的频率不一样，有的出现频率高，有的出现频率低，有的甚至罕见。根据这条标准，凡出现频率高的是无标记项，凡出现频率低或罕见的是有标记项。例如，在有长短元音对立的语言中，短元音出现的频率一般高于长元音"（李兵，1990）。因此短元音是无标记成分。但由德语长短元音的感知结果看，短元音并未被优先习得。

六、语言类型的差异与元音的感知

拿法语元音的感知与德语元音的感知结果相比，音节的复杂程度对被试感知法语和德语音节中的元音有影响。由此可得出如下对陌生语言元音的加工结论，浅层次的加工遵循"无标记＜有标记"的序列，深层次加工需更多的目标语语音知识。

第六章

结　语

在前人研究的基础上，本课题通过第二章至第五章的实验和讨论，主要结论有以下几点：

第一章，为给汉语习得者汉语声调阶段性特征和习得结果提供比较参照项，对以汉语为母语的中国大学生普通话四声的识别做了实验。结果显示：汉语辅元音节去声的识别显示出显著的大脑左半球优势，元音音节阴平的识别显示出显著的大脑右半球优势。

墨西哥和韩国汉语习得者声调感知的实验表明：（1）墨西哥初级汉语习得者识别辅元音节的阴平、上声的优势大脑半球是大脑左半球；大脑右半球是识别元音四声的优势脑半球。（2）学习汉语 24 个月以内的韩国汉语习得者在识别普通话元音音节四声阴平和去声时显示出显著大脑左半球优势。学习汉语 36 个月以上的韩国汉语习得者的声调感知发展的结果是大脑左半球感知上声能力有所提高。韩国汉语学习者的声调发展路径是：阴平/去声 < 上声。（3）实验发现汉语音节成分的差异对韩国汉语习得者声调调类的感知影响度大小顺序是：阳平 > 阴平/去声＞上声。认为韩国汉语习得者对汉语音节成分的加工机制可能是辅音、元音和声调三个组成成分独立加工。（4）汉语声调感知和产出的实验表明墨西哥初级汉语习得者声调的产出与感知之间在调类上确有关联。（5）实验还对列出了处于四个不同目标语状态的汉语习得者汉语声调调类感知的难易度。

第二章记忆与调类关系的实验表明：墨西哥汉语习得者的汉语四声信息的提取模式是自我终止扫描模式（self‑terminating）。中国大学生汉语四声信息的提取模式是系列全扫描模式。

第三章墨西哥初级汉语习得者普通话声母获得顺序的实验显示：汉语辅音的发音部位对墨西哥汉语习得者感知汉语辅音的影响更明显，发音部位的参数设置＜发音方法的参数设置，发音部位的具体情况是，双唇/唇齿/舌根等部位的辅音感知难度低于舌尖后/舌面/舌尖中/舌尖前等发音部位。借鉴语言类型学标记理论的思想，对以韩语、西语和俄语为母语的第二语言习得者汉语送气和不送气塞音感知的实验显示：（1）在初级阶段，以西语、俄语和韩语为母语的初级汉语习得者在感知汉语送气和不送气塞音时显示出共同的特征是：大脑左右半球识别汉语的塞音无差别。（2）在初级阶段后，大脑右半球是以西班牙语为母语的墨西哥汉语习得者感知汉语送气塞擦音的优势脑半球。

根据实验结果，借鉴语言类型学的标记理论描述方式，得出以下结论：

（1）以西语和俄语为母语的初级汉语习得者感知送气和不送气音的实验结果是：当母语无标记，目标语有标记，中介语的感知从无标记向有标记发展，之后遵循标记理论习得的序列，无标记项＜有标记项。

196

（2）韩国初级汉语习得者感知送气和不送气音的实验结果是：当母语是有标记，目标语有标记，中介语的感知是无标记。

（3）墨西哥汉语习得者汉语送气和不送气音感知和产出的实验结果表明：感知与产出不对称，墨西哥汉语习得者感知和产出送气和不送气音的优势序列恰好相反。产出的优势序列是：送气音优于不送气音，感知的优势序列是：不送气音优于送气音。墨西哥汉语习得者送气音和不送气音发音的迁移方向是：母语的有标记语音特征迁移到目标语的无标记语音成分上，在学习汉语 100 小时左右迁移造成的错误率大约是34%。

（4）第二语言学习者汉语送气和不送气识别的大脑左右半球特征是：学习汉语语音 50~60 小时的墨西哥汉语习得者送气塞擦音识别的优势脑半球是大脑右半球，而中国大学生大脑左半球是识别汉语送气和不送气塞音的优势脑半球，但塞音小类的送气和不送以及送气和不送气塞擦音却未显示出脑半球优势。

第四章第二语言学习者清浊辅音感知的实验结果表明：

1. 学习汉语 100 小时左右的墨西哥汉语习得者识别汉语的清浊辅音时，右耳（大脑左半球）更善于识别浊音，但未见显著的大脑偏侧化。

2. 以汉语为母语的中国大学生对西语、德语、法语和英语清浊辅音的感知实验结果

（1）无德语经验的中国大学生、学习德语 16 周的初级德语学习者、初级后德语学习者德语清、浊塞音感知的整体发展趋势是：

①德语浊音感知的错误序列 g > d > b 一直是一个优势序列，这表明

发音部位优势序列是前＜中＜后。清音或浊音清化音的感知不稳定，发音部位的习得先于发音方法的习得。

②感知词首的德语清浊塞音表现出与不同发音部位清浊小类有关的"浊清—浊清"错误率由高到低的模式，词尾的德语清浊塞音的感知表现出清音或浊音清化音的错误率高于浊音的错误率。

③词首的德语清浊塞音识别的错误率低于词尾的浊音清化音。

④从语言类型学标记的角度看，从无德语经验的中国大学生到初级德语学习者和初级后德语学习者德语词尾的的浊音清化音和词首的浊音习得序列是逐步向"词首有标记＜词末强有标记"方向发展。但词尾浊音和浊音清化音的识别还处于准无序状态。

⑤感知德语清浊音优势脑半球的变化：无德语经验的中国大学生无论识别词首还是词尾的德语清浊音均未见明显的大脑偏侧化现象。初级德语学习者和初级后德语学习者在识别某一德语清浊塞音时出现了大脑半球侧化和优势反应手现象。

（2）西班牙语为零起点的西班牙语习得者在学习西班牙语 17 周后，其清浊塞音识别显示出大脑右半球优势，而且六个清浊塞音的识别在正确反映时间和错误率上不均衡，大体显示出：同部位浊音的识别难度大于清音。这与语言类型学的标记理论的预测相吻合，初级西班牙语学习者感知西班牙［b］、［p］，［g］、［k］清浊塞音识别的最大特征是：大脑右半球是识别清浊音的优势脑半球。

对于中国高级英语学习者来说，在音位层面上，辅音清浊对立是一个新构建的层面。

第五章对德语和法语元音实验结果显示：可加工性机制理论在学习

陌生语言的初始阶段起作用，当第二语言学习者处于学习陌生语言的初始阶段时，即使是与母语高度相似的语素，其识别也是困难的，这也说明基于原型的识别可能是有条件的。从德语长短元音的感知结果看，短元音并未优先被习得。二语习得者对陌生语言中辅音的识别先于并优于对元音的识别，这与儿童对元音识别的优势先于辅音的识别不同。由法语和德语元音的感知结果可知，浅层次的加工遵循着无标记＜有标记的序列，深层次加工需更多的目标语语音知识。

　　本课题通过一系列实验，对不同母语的汉语习得者汉语声调、辅音和元音的感知，对以汉语为母语中国大学生感知不同类型语言的辅音和元音，不同母语的汉语学习者感知汉语的音节成分有了一些了解。并对一些理论的适用范围进行了探讨，在这些理论中，语言类型的标记理论曾提出了"无标记成分先于有标记成分习得"，从标记角度得出的迁移规则是，不管第一语言和第二语言有无标记，中介语都是无标记。标记理论对目标语习得序列预测的规则简单，但是通过实验发现，第二语言学习者在学习目标语的过程中，目标语从感知初始状态的参数设置到初、中级状态的参数设置并非如此简单，本课题在实验的结论中指出了标记理论规则可用的范围，并借鉴了标记理论的描述规则的方式。正因为语言的学习和感知是一个复杂的发展过程，因此本课题只是无界的时间中一个有界的事件，之后我们将继续探索。

参考文献

［1］蔡厚德，徐艳. 利手与两半球的听觉词汇语义加工［J］. 南京师大学报（自然科学版），2007（1）：68—73.

［2］陈卓铭，林谷辉，李炳棋等. 声调的脑机能偏侧化研究［J］. 心理学动态，1999，7（2）：19—24.

［3］陈国鹏，王晓丽，方芸秋. Sperling 任务中刺激呈现方式对注意分配的影响［J］. 心理科学，2004，（3）：563—566.

［4］陈家猷，鲍怀翘，郑玉玲. 普通话塞音、塞擦音嗓音起始时间（VOT）初探［C］//语言与法律研究的新视野——语言与法律首届学术研讨会论文集. 北京：法律出版社，2002：401—402.

［5］陈莹. 第二语言语音感知研究的理论基础和教学意义［J］. 上海外国语大学学报，2013（3）：68—76.

［6］陈卓铭，林谷辉，李炳棋，等. 声调的脑机能偏侧化研究［J］. 心理学动态，1999，7（2）：19—24.

［7］崔刚，姚平平. 联结主义引论［J］. 外语与外语教学，2006（2）：4—8.

［8］邓丹. 跨语言语音相似度与日本学习者对汉语/ts //tʂ//tɕ/三

组辅音的感知和产出研究 [J] . 世界汉语教学, 2014 (3).

[9] 丁红卫 . 中国大学生德语音节尾辅音发音的实验研究 [J] . 南京师范大学文学院学报, 2014 (3): 176—185.

[10] 董燕生, 刘建 . 现代西班牙语 (第 1 册) [M] . 外语教学与研究出版社, 2008.

[11] 胡敏 . 中国大学生英语语音意识发展及影响因素初探 [J] . 外语教学理论与实践, 2013 (2): 28—35.

[12] 高玉娟, 石锋 . 中国学生法语元音学习中母语迁移的实验研究 [J] . 外语与外语教学, 2006 (4): 18—20.

[13] 郭秀艳 . 实验心理学 [M] . 北京: 人民教育出版社, 2004: 462.

[14] 郭雅斌 . Flege 的语音学习模型综述 [J] . 太原教育学院学报, 2006, 24 (S1): 71—73.

[15] 贾林祥 . 试析联结主义早期研究者的研究 [J] . 湖南师范大学教育科学学报, 2003 (6): 84—87.

[16] 贾林祥 . 联结主义: 涵义的厘清与模型的分析 [J] . 徐州师范大学学报 (哲学社会科学版), 2003 (3): 147—152.

[17] 靳洪刚 . 语言获得理论研究 [M] . 北京: 中国社会科学出版社, 1997.

[18] 角田忠信 . 关于大脑两半球的听觉优位性 [J] . 应用心理学, 1982 (2): 36—38.

[19] 姜玉宇 . 中国英语学习者元音感知纵向研究 [J] . 海外英

语，2015（10）：3—5.

[20] 李兵. 音系标记理论的产生与发展 [J]. 新疆师范大学学报（哲学社会科学版），1990（3）：46—52.

[21] 李平. 语言习得的联结主义模式 [J]. 当代语言学，2002（3）：164—175.

[22] 李燕. 动词屈折形态表征与加工研究———以联结主义和双机制为视角 [J]. 安徽大学学报（哲学社会科学版），2008（4）：89—93.

[23] 寮菲. 第二语言习得中母语迁移现象分析 [J]. 外语教学与研究，1998（2）：60—66.

[24] 刘东楼. 普遍语法与母语迁移 [J]. 山东师大外国语学院学报，2002（3）：25—27.

[25] 梁之安. 汉语普通话中声调的听觉辨认依据 [J]. 生理学报，1963（2）：3—10.

[26] 刘振前，时小英. 国外言语感知研究述论——兼谈语言教学问题 [J]. 外国语文，2002，18（3）：87—91.

[27] 刘振前. 第二语言习得关键期假说研究评述 [J]. 当代语言学，2003，5（2）.

[28] 刘万伦. 短时记忆研究综述 [J]. 巢湖学院学报，2003，5（3）：6—10.

[29] 刘丽，彭聃龄. 汉语普通话声调加工的右耳优势及其原理：一项双耳分听的研究 [J]. 心理学报，2004，36（3）：260—264.

［30］陆经生．汉语和西班牙语语音对比——兼析各自作为外语学习的语音难点［J］．上海外国语学院学报，1991（6）：58—73．

［31］罗昊．听觉系统自动加工汉语声调和辅音时的大脑半球优势［D］．合肥：中国科学技术大学，2007．

［32］吕叔湘主编．现代汉语八百词（增订本）［M］．北京：商务印书馆．1999：177．

［33］马丁．法语发音快速入门［M］．北京：中国纺织出版社，2016．

［34］马黎华．语言标记性研究的回顾与思考［J］．浙江海洋学院学报（人文科学版），2010，27（3）：97—100．

［35］秦松茂．俄汉塞音格局及对英语塞音的研究［D］．天津：南开大学，2009．

［36］祁志强，彭聃龄．语音加工的脑机制研究：现状、困惑及展望［J］．北京师范大学学报（社会科学版），2010（4）：40—47．

［37］任桂琴、韩玉昌、周永垒等．汉语语调早期加工的脑机制［J］．心理学报，2011，43（3）：241—248．

［38］沈禾玲，蔡真慧，周虞农．汉语拼音入门［M］．北京：北京语言文化大学出版社，2006．

［39］石磊、李爽、李英等．不同侧大脑半球梗死患者的情感性语韵及声调障碍［J］．中国临床康复，2006，10（38）：1—3．

［40］束定芳，庄智象．现代外语教学——理论、实践与方法［M］．上海：上海外语教育出版社，2008：51—60．

[41] 孙兮，文鲍敏，张效初，张达人. 听觉记忆的脑功能磁共振研究 [J]. 中国医学计算机成像杂志，2004，(1)：1—3.

[42] 唐玲. 中国成人英语学习者语音意识与阅读能力的相关性研究 [D]. 重庆：重庆大学，2009.

[43] 覃薇薇. 刘思耘. 普通话声调与韵母加工的分离程度 [C]. 全国"普通与实验心理学"2007 年学术年会，2007.

[44] 王功平. 印尼留学生汉语声母感知实验研究 [J]. 语言教学与研究，2008 (5)：32—38.

[45] 王功平. 印尼留学生普通话舌尖前/后辅音发音偏误实验 [J]. 华文教学与研究，2011 (2).

[46] 王红斌. 墨西哥汉语习得者的声调加工与瞬时记忆 [J]. 中国听力语言康复科学杂志，2013 (2)：124—127.

[47] 王红斌. 墨西哥汉语习得者普通话送气和不送气音的脑偏化 [J]. 听力学及言语疾病杂志，2013 (6)：574—577.

[48] 王红斌. 墨西哥汉语习得者的汉语单音节字调的习得 [J]. 绵阳师范学院学报，2014 (10)：79—82.

[49] 王红斌. 墨西哥初级汉语习得者普通话上声感知的脑偏侧化 [J]. 中南大学学报（医学版），2014，39 (5)：496—500.

[50] 王红斌. 墨西哥汉语习得者普通话声调识别的脑偏侧化 [J]. 听力学及言语疾病杂志，2014，22 (1)：574—577.

[51] 王红斌. 韩国汉语习得者普通话声调感知能力的发展 [J]. 宁波大学学报（教育科学版），2018，40 (1)：1—5.

[52] 王红斌. 音节成分对韩国汉语习得者普通话声调感知的影响 [J]. 中国听力语言康复科学杂志, 2018 (5)：365—369.

[53] 王红岩, Vincent J. J. P. van HEUVEN. 第一语言不同干扰下的英语元音感知实验研究 [J]. 外语与外语教学, 2010 (1)：31—35.

[54] 王秀娟. 标记理论及其在对外汉语教学中的应用 [D]. 天津：天津大学, 2007.

[55] 王穗苹, 陈烜之, 杨锦绵, 吴岩, 王瑞明. 阅读中文时信息整合的即时性 [J] 心理学报, 2006 (5)：645—653.

[56] 王硕, Robert Mannell, Philip Newall, 董瑞娟, 李靖, 张华, 陈雪清, 韩德民. 共振峰信息在汉语声调感知中的作用 [J]. 中国耳鼻咽喉头颈外科, 2012, 19 (1).

[57] 王韫佳. 日本学习者感知和产生普通话鼻音韵母的实验研究 [J]. 世界汉语教学, 2002 (2)：47—60.

[58] 王韫佳. 韩国、日本学生感知汉语普通话高元音的初步考察 [J]. 语言教学与研究, 2001 (6)：8—17.

[59] 王韫佳, 上官雪娜. 日本学习者对汉语普通话不送气/送气辅音的加工 [J]. 世界汉语教学, 2004 (3)：54—66.

[60] 王毅, 王荪. 双耳分听测验及其临床运用 [J]. 国外医学：神经病学神经外科学分册, 1992, 6：289—292.

[61] 吴瑶. 中国学习者母语对法语元音习得的影响研究 [J]. 法国研究, 2018 (4).

[62] 吴诗玉, 杨枫. 中国英语学习者元音感知中的"范畴合并"

现象研究 [J]．外语与外语教学，2016 (3)：75—84.

[63] 吴宗济，林茂灿主编．实验语音学概要 [M]．北京：高等教育出版社，1989：125—140.

[64] 项梦冰．保留入声的汉语方言 [J]．贺州学院学报，2014，30 (4)：25—32.

[65] 徐子亮．对外汉语教学心理学 [M]．上海：华东师范大学出版社，2008.

[66] 颜永红，李军锋，应冬文．语音中元音和辅音的听觉感知研究 [J]．应用声学，2013，32 (3)：231—236.

[67] 杨小虎．中国大学生英语/i/－/ɪ/感知模式研究 [J]．当代外语研究，2011.

[68] 徐子亮．对外汉语教学心理学 [M]．上海：华东师范大学出版社，2008.

[68] 杨小虎．Kolb 学习风格与中国大学生英语/i/－/ɪ/发音的关系 [J]．心理学报，2011，43 (8)：878—888.

[69] 杨小虎，赵勇，汪玉霞．中国大学生英语/e/－/æ/发音与感知中的时长处理差异 [J]．外语与外语教学，2018 (2)：79—89.

[70] 杨玉芳．辅音特征和声调识别中的耳优势 [J]．心理学报，1991 (23)：131—137.

[71] 尹洪山．从普遍语法到认知科学———语言迁移研究的视角转换 [J]．语言教学与研究，2007 (5)：1—6.

[72] 尹洪山，徐晓慧．汉英中介语初始状态中的母语迁移——对

语言可加工性理论的检验［J］．中国外语（中英文版），2008，5
（5）：49—53．

［73］尹洪山，夏秀芳．《理解第二语言加工—— 可加工性理论概
要》述评［J］．外语教育研究前沿，2018，1（1）：86—90．

［74］尹洪山．语言类型学视角下的二语习得顺序研究［J］．齐鲁
师范学院学报，2005，20（5）：63—65．

［75］赵泽林．联结主义范式的论证及其反思［J］．科学技术哲学
研究，2011（2）：61—65．

［76］曾凯．联结主义理论对学习英语词汇搭配的启示［J］．东北
大学学报（社会科学版），2009（3）：264—268．

［77］张家騄，齐士铃，吕士楠．汉语辅音知觉结构初探［J］．心
理学报，1981（1）：76—85．

［78］张铭涧．二语习得研究的类型学视角［J］．山东高等教育，
2012，29（4）：113—118．

［79］张林军．声调对汉语辅音送气/不送气特征感知的影响［J］.
云南师范大学学报（对外汉语教学与研究版），2012（2）：1—5．

［80］张林军．知觉训练和日本留学生汉语送气——不送气音的范
畴化感知［J］．世界汉语教学，2009（4）：560—566．

［81］张林军，周峰英，王晓怡，舒华．言语中的音高信息声学语
音学加工的大脑偏侧化［J］.应用心理学，2008（14）：4，330—335．

［82］张美霞．日本学生汉语拼音复韵母感知偏误考察分析［J］.
云南师范大学学报（对外汉语教学与研究版），2010，08（4）：

33—39.

[83] 张辉，魏萍，吴叔平. 今日汉语教师用书（第一册）[M]. 北京：外语教学与研究出版社，2003：55.

[84] 郑占国. 语言类型标记性假说与中介语音系习得 [J]. 语言教学与研究，2014（6）：29—36.

[85] 庄慧丽，穆兰. 德语语音 [M]. 北京：外语教育与研究出版社，2015.

[86] ANKERSTEIN C A, MORSCHETT R. Do you hear what I hear?: a comparison of phoneme perception in native and Saarlandian German non-native speakers of English [J]. *Saarland Working Papers in Linguistics*, 2013 (4): 1-8

[87] BOERSMA P D. Praat: Doing Phonetics by Computer [J]. *Ear & Hearing*, 2011, 32 (2): 266.

[88] BAUDOIN - CHIAL S. Hemispheric lateralization of Modern standard Chinese tone processing [J]. *Journal of Neurolinguistics*, 1986, 2: 189 ~ 199.

[89] BELGER A, BANICH, MARIE T. Costs and benefits of integrating information between the cerebral hemispheres: A computational perspective. [J]. *Neuropsychology*, 1998, 12 (3): 380 - 398.

[90] BEST CT. The emergence of native - language phonological influences in infants: A perceptual assimilation model. In Judith C. Goodman & Howard C. Nusbaum (eds.), The development of speech perception: The

transition from speech sounds to spoken words (pp. 167 – 224) . Cambridge, MA: MIT Press, 1994.

[91] BEST C T, MCROBERTS G W, GOODELL E . Discrimination of non – native consonant contrasts varying in perceptual assimilation to the listener's native phonological system [J] . *The Journal of the Acoustical Society of America*, 2001, 109 (2): 775 – 794.

[92] BEST C T, M. D. Tyler. Nonnative and second – language speech perception [A] . O. – S. Bohn&M. Munro. Language Experience in Second Language Speech learning [C] . Amsterdam: John Benjamins, 2007: 13 – 34.

[93] BOSCH, COSTA A, SEBASTIA N et al. First and second language vowel perception in early bilinguals [J] . *European Journal of Cognitive Psychology*, 2000, 12 (2): 189 – 221.

[94] BOHN O S, POLKA L . Target spectral, dynamic spectral, and duration cues in infant perception of German vowels [J] . *The Journal of the Acoustical Society of America*, 2001, 110 (1): 504.

[95] BOHN O S, POLKA L. Target spectral, dynamic spectral, and duration cues in infant perception of german vowels [J] . *The Journal of the Acoustical Society of America*, 2001, 110 (1), 504.

[96] COHEN H, SEGALOWITZ NS. Cerebral Hemispheric Involvement in the Acquisition of New Phonetic Categories [J] . *Brain and Language*, 1990, 38 (3): 398 – 409.

[97] Dennis L. Molfese Left and right hemisphere involvement in

speechperception: Electrophysiological correlates [J]. *Perception Psychophysics*, 1978, 23 (3): 237 -243.

[98] ECKMAN F R. The Structural Conformity Hypothesis and the Acquisition of Consonant Clusters in the Interlanguage of ESL Learners [J]. *Studies in Second Language Acquisition*, 1991, 13 (1): 19.

[99] Féry, C. Final. Devoicing and the stratification of the lexicon in German. In van de Weijer, J. M., van Heuven, V. J., & van der Hulst, H. (Eds.). The Phonological Spectrum: Segmental Structure (pp. 145 - 170). Amsterdam: John Benjamins, 2003.

[100] Feijóo, Sergio, Fernández, Santiago, Balsa, Ramón. Integration of acoustic cues in Spanish voiced stops [J]. *Journal of the Acoustical Society of America*, 1998, 103 (5): 3086.

[101] FLEGE J E. Second - language speech learning: Theory, findings, and problems [A]. W. Strange. Speech Perception and Linguistic Experience: Issues in Cross - language Research [C]. Timonium, MD: York Press, 1995: 233 -277.

[102] FLEGE J E. Perception and production: The relevance of phonetic input to L2 phonological learning. In Thom Heubner & Charles Ferguson (eds) Crosscurrents in Second Language Acquisition and Linguistic Theory (pp. 249 -289). Philadelphia: John Benjamins, 1991.

[103] FLEGE J E. Second - language speech learning: Theory, findings and problems. In Winifred Strange (ed.), Speech perception and lin-

guistic experience: Theoretical and methodological issues in cross – language speech research (pp. 229 – 273). Timonium, MD; York Press, 1995.

[104] FLEGE J E. Production and perception of a novel, second – language phonetic contrast [J]. *The Journal of the Acoustical Society of America*, 1993, 93 (3): 1589.

[105] FLEGE J E. Production of the word – final English /t/ – /d/ contrast by native speakers of English, Mandarin, and Spanish [J]. *Journal of the Acoustical Society of America*, 1992, 92 (1): 128 – 43.

[106] FRIEDA E. M, WALLEY, A. C, FLEGE J E, Sloane M E. Adults' perception of native and nonnative vowels: implications for the perceptual magnet effect [J]. *Perception & Psychophysics*, 1999, 61 (3): 561 – 577.

[107] GANDOUR J, TONG Y, WONG D, et al. Hemispheric roles in the perception of speech prosody. [J]. *Neuroimage*, 2004 (23): 344 – 357.

[108] GANDOUR J, DARDARANANDA R. Identification of tonal contrasts in Thai aphasic patients [J]. *Brain and Language*, 1983 (18): 98 – 114.

[109] GANDOUR J, PETTY S H, Dardarananda R. Perception and production of tone in aphasia [J]. *Brain and Language*, 1988 (35): 201 – 240.

[110] HALLE, M, 王晓梅. 从记忆到言语和从言语到记忆介绍 [J]. 当代语言学, 2008 (3): 273—276.

[111] HENRI Cohen, NORMAN S. Segalowitz Cerebral Hemispheric Involvement in the Acquisition of New Phonetic Categories [J] . *Brain and Language*, 1990 (38): 98 – 409.

[112] JUSCZYK P W . From General to Language – Specific Capacities: The WRAPSA Model of How Speech Perception Develops [J] . *Journal of Phonetics*, 1993, 21 (1).

[113] LISKER L, ABRAMSON A S. A Cross – Language Study of Voicing in Initial Stops: Acoustical Measurements [J] . *Word*, 1964, 20 (3): 384 – 422.

[114] LIU L, PENG D, DING G et al. Dissociation in the neural basis underlying Chinese tone and vowel production [J] . *Neuroimage*, 2006, 29 (2): 515 – 523.

[115] IVERSON, P. & P. K. Kuhl. Mapping the perceptual magnet effect for speech using signal detection theory and ultidimensional scaling [J]. *Journal of the Acoustical Society of America*, 1995, (97) : 553 – 562.

[116] MANFRED PIENEMANN, Jörg – keßler, Yuki Itani – Adams. Comparing levels of processability across languages [J] . *International Journal of Bilingualism*, 2011 (2).

[117] MOLFESS DL. Left and right hemisphere involvement in speech-perception: Electrophysiological correlates [J] *Perception&Psychophysics*, 1978, vol, 23, 3: 237 – 243.

[118] NIMZ K . The Perception of Vowel Quality and Quantity by

Turkish Learners of German as a Foreign Language ［M］. The Segment in Phonetics and Phonology. John Wiley & Sons, Ltd, 2015.

［119］OCKE – SCHWEN B, EMIL F J. Interlingual identification and the role of foreign language experience in L2 vowel perception ［J］. *Applied Psycholinguistics*, 1990, 11 （3）: 26.

［120］OHDE R N, GERMAN S R. Formant onsets and formant transitions as developmental cues to vowel perception ［J］. *The Journal of the Acoustical Societyof America*, 2011, 130 （3）: 1628.

［121］PANAGIOTIS G. Simos, DENNIS L. Molfese, Rebecca A. Brenden （1997） Behavioral and Electrophysiological Indices of Voicing – Cue Discrimination: Laterality Patterns and Development ［J］. *Brain and Language*, 1997 （57）, 122 – 150.

［122］RAQUEL WILLERMAN P K K. Cross – Language Speech Perception: Swedish, English, and Spanish Speakers´Perception of FrontRounded Vowels ［C］// International Conference on Spoken Language. IEEE, 2007.

［123］SCHOONMAKER – GATES E. On Voice – onset Time as a Cue to Foreign Accent in Spanish: Native and Nonnative Perceptions ［J］. *Hispania*, 2015, 98 （4）: 779 – 791.

［124］SHAFER V L, STRANGE W, K et al. Neurophysiological evidence of preattentive English vowel perception in Japanese, Spanish, and Russian learners of English. ［J］. *The Journal of the Acoustical Society of A-*

merica, 2011, 129 (129): 2419 – 2419.

[125] SMITH B L, HAYES – HARB R, BRUSS M et al. Production and perception of voicing and devoicing in similar German and English word pairs by native speakers of German [J] . *Journal of Phonetics*, 2009, 37 (3): 257 – 275.

[126] SIMOS PG, MOLFESE DL, BRENDEN RA. Behavioral and Electrophysiological Indices of Voicing – Cue Discrimination: Laterality Patterns and Development [J] . *Brain and Language*, 1997, 57 (1): 122 – 150.

[127] STRANGE W. Evolving theories of vowel perception [J] . *The Journal of the Acoustical Society of America*, 1989, 85 (5): 2081 – 2087.

[128] STRANGE W, BOHN O S. Dynamic specification of coarticu-lated German vowels: Perceptual and acoustical studies [J] . *The Journal of the Acoustical Society of America*, 1998, 104 (1): 488 – 504.

[129] VAN LANCKER D, FROMKIN V. A. Hemispheric specializa-tion for pitch and "tone": Evidence from Thai [J] . *Journal of Phonetics*, 1973 (2), 101 – 109.

[130] VAN LANCKER D. Cerebral lateralization of pitch cues in the linguistic signal [J] . Papers in Linguistics (International Journal of Human Communication), 1980 (13): 201 – 277.

[131] VAN LANCKER D, FROMKIN V A. Cerebral Dominance for Pitch Contrasts in Tone Language Speakers and in Musically Untrained and

Trained English Speakers [J]. *Journal of Phonetics*, 1978, 6: 19 – 23.

[132] WANG Y, JONQMAN A, SERENO J A. Dichotic perception of Mandarin tones by Chinese and American listeners [J]. *Brain Lang*, 2001 (3): 78, 332 – 348.

[133] YUE WANG. Dichotic Perception of Mandarin Tones by Chinese and American Listeners [J]. *Brain and Language*, 2001 (78): 332 – 348。

[134] YUN YE, Cynthia M. Connine. Processing Spoken Chinese: The Role of Tone Information [J]. *Language & Cognitive Processes*, 1999, 14 (5 – 6): 609 – 630.

[135] ZAMPINI M L. The Relationship between the Production and Perception of L2 Spanish Stops [J]. *Studies in Hispanic & Lusophone Linguistics*, 1998, 3 (2): 23 – 48.

后 记

时间如梭，转眼间人生的青葱岁月已匆匆而过，2019 年我已迎来了知天命之年。

2010 年 6 月 16 日，我和太太一起远渡重洋来到墨西哥奇瓦瓦自治大学孔子学院开始为期两年的教学工作。

从那时我开始了心理语言学的研究并有了一些收获，回国后发表了一些论文。对我来说这是一个全新领域，困难重重，但爱妻的鼓励却给了我知难而进的勇气，感谢她多年来无微不至的关心，伴我一路前行。

感谢北京市哲学社会科学规划办 2016 把本课题列为资助项目，题目：第二语言学习者语音感知能力的发展，编号：16YYB010。本书是在课题成果的基础上修改而成。

在项目的实施过程中，感谢文学院领导多方面的支持，并资助了本书的出版。感谢本校计教中心的老师不厌其烦地为我提供多方面的帮助。同时也感谢在实验实施过程中帮我组织和协助受试的老师和研究生以及参加本课题所有的受试。

作者
2019 年秋

216